Le Pain

Conception : Corinne Pauvert Thiounn
Mise en page : Sylvie Belin

ISBN : 2-7006-0425-3

Le Pain

Texte de
Elvira Masson
Gwenaëlle Leprat

Photographies de
Yves Samuel

Illustrations de
Béatrice Boubé

Aubanel

S O M M A I R E

Le goût du partage

À la fois symbole de la moisson, de frugalité et d'abondance, de simplicité et de raffinement, le pain, souvent sacré, est au cœur des préoccupations humaines. Bien des révoltes ont éclaté en son nom jusqu'à ce que l'homme contemporain, repu, le relègue au rang d'aliment quasiment accessoire, bien que quotidien. On aurait peut-être fini par le délaisser tout à fait si un sursaut de la société ne l'avait remis sous le feu des projecteurs comme un formidable enjeu à relever, plein de saveur.

Sur le chemin du goût, on s'est alors rappelé l'alchimie de la pâte, la subtilité de la fermentation, l'étonnante réaction de Maillard sur les sucres et les acides aminés qui caramélisent la croûte... Désormais, le pain suscite des vocations et des reconversions de diplômés de l'enseignement supérieur en quête de nouvelles valeurs. Vieille comme le monde, l'aventure du bon pain ne fait que commencer. S'il reprend une place essentielle dans notre alimentation pour ses qualités nutritionnelles, ce ne sera pas sans le plaisir de le déguster. Invitation au voyage, l'infinie variété de pains, à découvrir en France comme à l'étranger, est une aventure en soi. La vogue du pain maison en fait partie, peut-être comme une première étape de réappropriation du pain.

Premier chapitre

Du bon pain !

Avec le retour du bon pain frais, le boulanger a renoué avec la fierté
de son métier et la passion d'un savoir-faire vraiment artisanal.
La qualité des blés dorés et l'attention du céréalier pour sa récolte,
du meunier pour sa mouture, du boulanger pour sa panification
au fournil accompagnent la moindre bouchée de pain !
Dans le geste quotidien du pain rompu, la tartine du petit déjeuner
ou l'en-cas festif, le croque-monsieur ou le sandwich maison,
on apprécie le croustillant de la croûte, la douceur de la mie,
toute une myriade de flaveurs pour lesquelles on manque encore
de mots pour bien les décrire et mieux les partager.
Ces émotions, aussi minuscules que fondamentales,
contribuent à rendre chaque journée unique.
Autant dire que l'exigence d'un pain qui soit à la fois bon
et nourrissant est essentielle. Pour vivre bien, tout simplement.

UN ALIMENT PLAISIR ET SANTÉ

Le quignon de pain est le premier aliment solide donné à l'enfant, dès six-sept mois, sous le regard attentif de la mère qui veille à ce que bébé ne s'étouffe pas... Il le porte à la bouche et, à défaut de pouvoir mâcher, le suce furieusement jusqu'à ce qu'à force de salive et d'acharnement le quignon fonde comme neige au soleil. Comme on ne le lui a pas donné pour qu'il se nourrisse, mais pour qu'il se calme et se fasse les dents, il peut le délaisser à loisir, personne n'insistera pour qu'il le termine. Sait-on que bébé vit alors une fabuleuse expérience sensorielle ? Outre le contraste entre le croustillant de la croûte et la douceur de la mie, il est soudainement confronté à un bouquet de plus de cent cinquante arômes répertoriés...

UNE AVENTURE DES CINQ SENS

Le pain est un des rares aliments que l'on saisit encore à la main dès l'achat. Lorsqu'il le glisse dans un sachet, le boulanger est obligé d'indiquer sa composition sur l'emballage. On pourrait débattre sur l'hygiène mais nous nous contenterons de noter qu'en entrant dans une bonne boulangerie, nous sommes saisis par l'irrésistible odeur de pain chaud, puis le toucher est aussitôt sollicité ... Comment s'étonner dès lors qu'une baguette arrive difficilement entière à la maison ? La tentation est celle des arômes de grillé, de caramel, de noisette, de verdure, de fleurs, de champignon. Ne pas résister, c'est rompre un morceau de pain en chemin, mordre dedans et obtenir une explosion d'arômes en bouche. Le goût caramélisé de la croûte s'allie à la saveur douce et légèrement humide de la mie qui fond en révélant ses parfums de noisette et de froment... ainsi qu'une très légère pointe d'acidité et une petite note salée. Le mastiquer est agréable et réveille de nouveaux arômes comme cette sensation de sucré qui vient, sous l'effet de la salive, de la transformation de l'amidon... À l'œil, la croûte est ambrée, croustillante, la mie ne s'en détache pas toute seule, elle est de couleur crème plutôt que blanche et présente des alvéoles irréguliers... En frappant la croûte sous le pain, on obtient même un son creux caractéristique du bon pain.

UN PRODUIT VIVANT

En France, le pain ne laisse jamais indifférent : en famille ou entre amis, il anime des discussions passionnées au cours desquelles chacun affirme ses préférences. Les anciens optent encore parfois pour le pain de la veille, plus digeste, alors que les plus jeunes s'enorgueillissent de le prendre au sortir du fournil, tout chaud dans la main... Il suffit de changer de boulangerie pour que les commentaires fusent. Certains vont jusqu'à réclamer du pain à la pizzeria et à la crêperie ! Ce pays, si réputé pour son savoir-faire boulanger, sort pourtant de quelques décennies de pain triste, au cours desquelles beaucoup de professionnels se sont contentés de vendre un pain plutôt beau mais insipide, exagérément développé et qui se conservait mal ! Sous couvert de modernité, la course à la productivité avait standardisé la médiocrité, provoquant une baisse dramatique de la consommation familiale.

On avait complètement oublié – à force d'additifs destinés à le maîtriser et à raccourcir son temps de fabrication – que le pain était un produit vivant au même titre que le vin, le fromage ou le saucisson sec. Ces aliments ont en commun d'être transformés lors d'une fermentation qui développe leurs qualités, de la texture aux arômes en passant par la valeur nutritionnelle. Le savoir-faire de l'artisan n'est pas de saboter ce processus naturel, mais de l'accompagner pour obtenir le meilleur pain possible. Pour notre plus grand bonheur, les artisans boulangers reprennent depuis les années 1990 le chemin du goût : avec de meilleures farines, des temps de pétrissage plus courts et une fermentation plus longue...

On n'hésite pas à faire un détour pour acheter le pain qu'on aime, à faire patiemment la queue pour attendre son tour. Souvent plus cher, le bon pain affiche une taille plus réduite que le premier prix. En fait, il est seulement moins développé du fait de la technique de panification, mais son poids est le même. Non seulement il est bon, mais il se conserve bien à la maison.

Le pain des stars

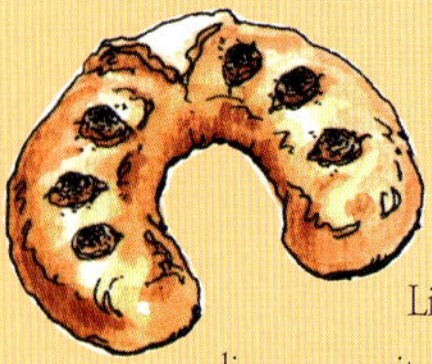

Les stars de la boulangerie ont participé à faire renaître cet engouement autour du pain. Lionel Poilâne, accidentellement disparu, avait eu la magnifique intuition dans les années 1970, de continuer à produire ce pain « à l'ancienne », authentique et sincère, que son père se faisait une fierté de proposer contre la tendance générale. Ce qu'il a appelé la « rétro innovation », prendre le meilleur de l'ancien et le meilleur du moderne, lui a taillé une réputation internationale. Ses livres font toujours référence. Dans le milieu, il y aura eu l'avant et l'après Poilâne... En ayant le courage de reprendre l'affaire, sa fille Apollonia défend ses convictions. Sans oublier Max Poilâne, talentueux frère de Lionel qui vole de ses propres ailes.

Francis Holder a, lui aussi, repris la boulangerie de son père à Lille, avant de s'intaller à Paris. En 1993, il a relancé la farine Camp Rémy, au rendement inférieur de 30 %, en payant la différence à ses fournisseurs. On connait le succès de sa chaîne de magasins, Chez Paul. Si le pain n'est pas toujours cuit sur place, il ne défend pas moins une qualité artisanale jusque dans les gares et les aéroports, où le succès de ses étals n'a rien à envier aux boutiques du duty free.

Éric Kayser, issu de cinq générations de boulangers, compagnon du Tour de France et grand voyageur, incarne la nouvelle génération des « stars de la boulange » avec un réseau international de vraies boulangeries. Il est aussi l'inventeur du Fermento-levain, une machine qui entretient le levain en permanence et qu'il considère comme un berceau d'arômes et de saveurs.

Son voisin Dominique Saibron, autodidacte surdoué, à l'origine de la filière pain de Carrefour, poursuit une recherche en qualité de pain bio au levain dur, 100 % froment, qualifiée de fanatique parce qu'elle ne tolère pas le moindre adjuvant. Certains consommateurs sont plutôt fans de Moisan et de ses succursales de pains issus de farine bio ou de Basile Kamir, d'autres ne jurent que par Jean-Luc Poujauran, Philippe Gosselin, Ganachaud, Malineau ou Rabineau...

Jean-Noël Julien témoigne de l'émulation collective du prix de la Meilleure baguette de Paris, qu'il a gagné plus d'une fois. Yves Desgranges, qui n'hésite pas à diffuser ses recettes, sans cesse renouvelées, a aussi le mérite d'avoir insufflé la passion à ses fils, déjà distingués. On ne les citera pas tous, ils se multiplient comme des petits pains, à Paris comme en province : c'est bon signe !

DES MARQUES DE PAINS SAVOUREUX

En s'appuyant sur ces incroyables succès, dus à un niveau d'exigence bien plus élevé qu'à l'ordinaire, les meuniers ont compris dans la foulée qu'ils pouvaient retourner une tendance de consommation à la baisse en concoctant des farines de meilleure qualité proposées avec de meilleures recettes de pain. La dynamique des marques qu'ils ont lancées a beaucoup contribué à nous sortir du pain triste.

En avance sur le pain tradition, Philippe Viron avait eu la magnifique intuition de s'intéresser à Gérard Meunier, un client boulanger demandeur d'une farine pure, sans aucun améliorant. Après lui avoir trouvé la farine et goûté son pain, comme une incroyable aventure gustative, il a lancé en 1982 la formule Banette, entraînant dans son sillon les artisans de bonne volonté avec le succès que l'on sait. Dans la foulée, il a même créé une école de boulangerie pour préparer l'avenir. D'autres meuniers suivront son exemple avec Rétrodor, Baguépi, Festival des Pains, La Ronde des Pains, Copaline... Certains ont obtenu le Label Rouge pour leur farine. Le Club des Boulangers marquera une nouvelle étape, plus ambitieuse, en décrochant ce même Label Rouge pour sa baguette Bagatelle, aux farines issues de l'agriculture raisonnée qui répond aux mêmes critères que ceux de la farine réservée aux jeunes enfants, sans traitement de conservation du blé en silo.

Ces marques, aux couleurs d'un grand moulin ou d'un groupement de moulins indépendants, s'étendent grâce à l'adhésion des artisans. Assujettis à un cahier des charges plus ou moins exigeant selon les réseaux, ils ont toujours la possibilité de reprendre leur liberté. En Franche-Comté, Guy Boulet est un boulanger qui a eu le mérite de fédérer ses collègues afin qu'ils relèvent ensemble le défi de la qualité avec la marque Monpain. Il est rare de trouver chez ces boulangers un mauvais pain !

LE PAIN « TRADITION » DANS TOUTE LA FRANCE

Le pain « de tradition française, sans additif, ni conservateur » répond à un décret de 1993, longtemps attendu pour sauver une consommation de pain en berne. Il est progressivement devenu l'étalon du bon pain, suscitant une remise en cause des pratiques que l'on peut qualifier de « révolution au fournil ». Sans améliorants pour compenser ses défauts, le boulanger a recours à de meilleures farines. Il consacre au pain un temps de pétrissage plus court, de fermentation plus long, énormément plus d'attention, bref un « feeling » qui renoue avec le plaisir de panifier et d'offrir un pain des plus savoureux...

Certains ont attendu de vérifier son succès pour s'y essayer, une poignée de rétifs attend d'être concurrencée par le boulanger d'à côté pour se poser des questions, mais on le trouve désormais aux quatre coins du pays. Allez savoir pourquoi, il aura bien fallu dix ans aux écoles de la profession pour inscrire le pain tradition au programme de leur enseignement!

Le pain tradition, vendu aujourd'hui tel un pain plaisir, c'est-à-dire un peu cher, pourrait à l'avenir représenter la qualité minimale proposée chez les artisans boulangers avec un prix sage, à la portée de chaque famille. Les grandes surfaces et les industriels du pain, qui se sont montrés particulièrement sensibles au développement de la qualité et capables de s'adapter, ont cette préoccupation. Négliger une partie de la clientèle reviendrait à laisser ces acteurs se substituer aux boulangeries, qui viennent à peine de regagner des galons à ne plus craindre les terminaux de cuisson – des décrets ont, entre autres, interdit aux industriels et à leur réseau de diffusion de semer la confusion en usurpant le nom de boulangerie. Si le pain est un enjeu de notre exception culturelle française comme le laisse penser le décret du pain tradition, sachons le défendre jusqu'au bout. Au comptoir, outre les effluves de pain et le sourire, il est urgent que le personnel apprenne à expliquer ce qu'il propose à la vente; par exemple, pour nous aider à nous y retrouver lorsque le fameux pain de tradition française est proposé sous un autre nom, choisi par la marque collective ou l'artisan, qui en ont fait leur produit phare…

LE BON GOÛT DU PAIN

Les bio, eux, se sont toujours battus pour manger du bon pain. Dans cette filière militante où producteurs, fabricants et consommateurs s'organisaient en coopératives, disposer de pain bio était au cœur des préoccupations. Un pain issu de variétés traditionnelles et cultivées sans engrais ni pesticides, sans additifs ni adjuvents. Un pain qui n'est jamais blanc parce qu'on n'a pas écarté le son qui entoure le grain et le germe avant de le passer à la meule. Un pain au levain qui apporte cette touche d'acidité caractéristique. Un pain rustique qui a du goût et se conserve longtemps.

Un des tout premiers à s'être installé en 1982 comme boulanger pour faire du pain à partir de céréales issues de l'agriculture biologique, et même biodynamique, est Pierre Delton. À Lardy (91), dans une ancienne épicerie rurale, il s'est aussitôt préoccupé d'obtenir des farines de qualité auprès d'agriculteurs et de meuniers engagés dans cette même démarche. « Quand on comprend la vie d'un grain de blé, on accompagne ces processus vivants pour les retrouver et les fixer dans le processus de fabrication du pain. »

Sa farine Demeter, issue de l'agriculture biodynamique, vient du Gaec d'Argonne. Son circuit idéal étant le plus court possible, il espère un jour s'approvisionner en Île-de-France où les surfaces en céréales bio progressent.

Le pain de demain, 100% « santé »

D'une farine blanche classique de type 45 ou 55, le pain tradition nous a fait passer à une farine moins purifiée, moins fine de type 65. D'après les recommandations de Christian Rémésy, directeur de recherche en nutrition à l'INRA de Clermond-Ferrand, reprises au programme national Nutrition Santé, il faudrait qu'elle soit encore plus « nature », c'est-à-dire au minimum de type 80 (0,80 g de minéraux pour 100 g), correspondant à celle qu'on obtenait autrefois après broyage à la meule de pierre. À défaut, nous sacrifions des vitamines (5B1, B2, E), fibres et minéraux qui nous sont absolument nécessaires, à commencer par le magnésium et le zinc. Ce ne sont pas des vœux pieux : dès 2006, la Confédération nationale de la boulangerie a suivi ces préconisations santé en déposant un logo pour que chacun identifie la « farine de type 80 » comme favorable à la santé. Par chance, le classement utilisé jusqu'alors dans la filière pour mesurer le soi-disant taux de pureté correspond exactement aux critères nutritionnels ! Avec l'INPB et la Fédération de la Boulangerie de Loire-Atlantique, l'INRA a aussi mis au point une méthode de préfermentation longue qui rendra les minéraux du grain de blé plus facilement assimilables au moment de la digestion. Les boulangers timorés pourront toujours se contenter d'incorporer 15 % de blé entier à une farine de type 65 pour obtenir une farine reconstituée au résultat nutritionnel équivalent.

Comme il faut que le pain rejoigne la catégorie des bons glucides lents à faible index glycémique – notre principale source énergétique dans l'idéal – il ne faut pas que sa mie soit trop aérée, sinon le pain est trop vite digéré. Avec la farine de type 80, un pétrissage lent et une fermentation longue sont préconisés. Si l'on diminue la levure et le sel, la fermentation profite encore mieux du développement des arômes.

On sait que la couleur gris-crème de la mie d'un pain issu de ce type de farine indique que les pigments jaunes n'ont pas été détruits, au bénéfice des arômes naturels. Les recommandations santé rejoignent donc celles du plaisir. Entre 80 et 110, la farine est « bise », elle comprend une part de son et de germes de blé avec la farine blanche. La farine complète, elle, incorpore toutes les fractions du grain. Moins énergétique que le pain blanc, le complet contient moins d'amidon et plus de fibres. Quand on le mange, l'effet de satiété est plus durable. Aucun professionnel ne pourra à l'avenir ignorer ces vérités. On espère même que le boulanger, dans un intérêt réciproque, saura faire passer le message au consommateur qu'il côtoie au quotidien.

La mouture se fait sur une meule de pierre avec une technique d'oscillation qui permet de ne pas agresser la graine et d'éviter l'échauffement qui nuit à la préservation de certaines qualités nutritionnelles.

L'eau ajoutée à la farine est toujours dynamisée dans un système de vasques pour retrouver une oxygénation équivalente à celle de l'eau d'un torrent. Il obtient son levain en mélangeant cette eau à la farine, ce qui a pour effet de laisser s'activer ses levures naturelles au cours d'une préfermentation. Le levain chef, préparé quatre fois par an, est réactivé la veille au soir de la panification. Si une machine à pétrir reprend le geste manuel au départ, toutes les opérations suivantes se font à la main. Avec une fabrication qui dure environ sept heures, il tient à respecter la transformation naturelle de la pâte avec cinq heures minimum de fermentation, c'est-à-dire entre une heure trente à deux heures après le pétrissage, encore une demi-heure de détente après la formation des pâtons, puis deux à trois heures dans sa forme. Son four à vapeur traditionnel permet de cuire le pain avec la chaleur emmagasinée dans la pierre et d'enfourner en direct.

En travaillant aussi des farines fraîchement moulues – de moins de trois semaines alors que la durée légale de conservation est de neuf mois – il cherche la difficulté : beaucoup plus capricieuses au niveau du processus de fabrication, elles lui permettent de préserver un maximum d'arômes dont certains composés volatiles fragiles. Une fois hors du four, le pain complet demande une demi-journée pour se stabiliser.

À l'origine des mouvements qui ont permis la création des marchés bio de Paris, Pierre a toujours préféré que son pain soit vendu là où il était fabriqué. Tout au plaisir de son métier et des relations avec ses clients, il propose au fournil une cinquantaine de pains aux céréales, sans oublier les baguettes, bien croustillantes.

PAYSANS-BOULANGERS

Ceux qui n'ont pas du tout de soucis d'approvisionnement en farine sont les « paysans-boulangers », un mouvement dynamique qui compte près de cinq cents exploitations aux quatre coins de la France. Installés sur de petites surfaces qui ne seraient pas rentables pour un céréalier, ils ont choisi d'être à la fois producteurs, meuniers et boulangers pour valoriser leurs blés. Blé courant ou non, bio ou pas, chacun pétrit sur l'exploitation et vend sans difficulté. D'aucuns s'étonnent de constater que certaines personnes allergiques au gluten peuvent tranquillement consommer ces pains. Comme celui de Jean-François Berthellot qui panifie au levain, deux jours par semaine, pour approvisionner les marchés et les boutiques d'un réseau bio. Le hasard a voulu qu'un ancien le pousse à travailler une variété oubliée, qui donna un pain de

très grande qualité gustative. Depuis, il a développé une collection de 250 variétés de blés en voie de disparition. Avec une poignée d'autres, il est à l'origine du réseau Semences paysannes qui revendique le droit de disposer, de vendre ou d'échanger des variétés anciennes de blé comme ceux de Touselle, qui faisaient autrefois la réputation des pains d'Aix, ou de Redon aux arômes de pain d'épices. Non-inscrites au Catalogue officiel, elles ne peuvent être ni vendues, ni échangées légalement. Ils aimeraient pourtant que certaines variétés, qui ne méritaient pas d'être écartées, qui plus est sur des critères de rentabilité aujourd'hui dépassés, fassent leur retour sur scène.
Une vingtaine de groupes régionaux s'est constituée : très ouverts sur l'extérieur, il se réunissent régulièrement pour progresser ensemble et obtiennent de formidables résultats avec des blés de grande qualité gustative, pourtant réputés « impanifiables ». Pour eux, le pain tradition sans additifs n'est qu'une étape vers une meilleure qualité à laquelle ils sont prêts à coopérer.

BEAU, BON ET SAIN

Passéistes, les bio ? Ils ont toujours appuyé leur discours sur la valeur nutritionnelle. En matière de pain, les chercheurs ont prouvé depuis qu'ils avaient raison. Après avoir avoir discrédité le pain, accusé après-guerre de faire grossir, les nutritionnistes sont d'abord revenus sur leur position :

personne ne conteste depuis plus de vingt ans que le pain est un atout pour la santé, il aide à couvrir les besoins en glucides, en fibres, en protéines végétales, en minéraux et en nutriments.

Mais ce que l'on découvre aujourd'hui est aussi révolutionnaire que le retour du bon pain. Non seulement le pain doit être beau et bon, mais il doit nous faire profiter d'un maximum d'atouts protecteurs contre les maladies cardio-vasculaires, les diabètes et les cancers. Pour cela, producteurs, meuniers, boulangers et consommateurs se doivent à nouveau de changer leurs habitudes.

À commencer par rejoindre les bio sur leur préférence pour les farines qui n'excluent pas le germe de blé et le son. En réclamant un pain blanc associé à la pureté, fait avec les farines très fines de type 55, le consommateur d'après-guerre a perdu énormément des teneurs nutritionnelles du blé entier. D'après Christian Rémésy, directeur de recherche à l'INRA de Clermont-Ferrand qui mène ces recherches nutritionnelles sur le pain, le pain blanc contient 40 % de fibres et 40 % de magnésium en moins qu'un pain bis de type 80, sans compter l'énorme différence en vitamines et oligoéléments. Des variétés actuelles de blé cultivées en bio et non-bio, ont donné des résultats tout aussi significatifs d'autant que les blés biologiques sont ensuite moulus sur meule et les autres sur cylindre. Il apparaît que les teneurs des farines bio sont supérieures de 50 % en magnésium et de 46 % en zinc, sans compter les vitamines.

Deuxième chapitre

« Pain coupé n'a pas de maître... »

Qu'il manque seulement du pain, et le cours de l'histoire bascule ! Les puissants l'ont toujours su, même Louis XIV, qui achetait de la farine sur ses deniers pour vendre du pain à moitié prix ! Dans notre pays, à l'immense réputation en matière de pain, l'histoire révèle d'étonnantes pirouettes. Ainsi le métier de boulanger, qui existait chez les Grecs au ve siècle av. J.-C., apparaît seulement au Moyen Âge, en France, sous forme de confrérie. La levure de bière, introduite comme un progrès au XVIIIe siècle, servait déjà à fermenter la pâte sous forme de mousse du temps des Gaulois ! Quant au pétrin mécanique, qui se répand au début du XXe siècle avec la guerre de 1914-1918, il avait été imaginé du temps des Romains ! Aujourd'hui, ce sont le levain et la meule qui, redécouverts, serviront à faire le pain idéal de demain...

À L'ORIGINE DE LA CIVILISATION

C'est en Irak, l'ancienne Mésopotamie, que l'on a retrouvé les plus anciennes traces de céréales, soit 12 000 ans. La période correspond au Néolithique, la deuxième partie de la préhistoire au cours de laquelle les chasseurs nomades se sédentarisent peu à peu pour pratiquer l'agriculture.

LES CÉRÉALES DU CROISSANT FERTILE

Deux mille ans plus tard, on sait que l'homme cultivait l'épeautre, l'orge et le millet aux frontières de l'Iran, et fauchait à la faucille en Dordogne. Les céréales étaient concassées pour en faire des sortes de bouillies. Diverses techniques de cuisson sont répertoriées : cuisson sous la cendre, sur des pierres plates polies ou des cailloux à cuisson, des grils en vannerie, des poêlons en argile, ou directement sur le feu à l'aide de broches. On le devine, ces premiers pains sous forme de galettes compactes n'étaient ni moelleux, ni aérés ! Des tablettes sumériennes en écriture cunéiforme détaillent des transactions de sacs de grains au XXIVe siècle av. J.-C. Le premier recueil de textes qui régit l'agriculture, six siècles plus tard, évoque le pain qui se boit à base de bouillies d'orge, et la bière mère, le levain…

LES ÉGYPTIENS DÉCOUVRENT LA FERMENTATION

Plus connue, l'Égypte des pharaons est l'une des premières civilisations où des techniques de fabrication de pain, des corporations identifiées comme «boulangers» et «pâtissiers» apparaissent clairement. Les pains étaient cuits dans des moules. Le nom de leur forme, tiré du grec pâte cuite, inspirera aux Égyptiens le mot pyramide. Étaient-ils ensemencés avec du levain, ou fermentaient-ils spontanément, grâce aux levures, celles naturellement présentes sur les ustensiles de cuisine mal lavés par exemple? Certaines pâtes, on le sait, comportaient de la levure de bière, la boisson favorite. Ce qui est certain, c'est que ces pains-là, même levés, n'ont rien à voir avec ceux à la mie alvéolée dont les Européens s'enticheront: ils n'ont pas le blé tendre, qui a la faculté d'emprisonner des bulles de gaz pour «lever». Le blé d'orge notamment était bien plus compact.

Mais les Égyptiens font preuve d'une réelle imagination gourmande, créant une immense variété de pain, certains fourrés de dattes ou de figues de sycomore... Utilisé comme offrande aux dieux ou comme provision emportée en voyage par le défunt, ce pain va peu à peu prendre une importance considérable au quotidien. Il est un aliment essentiel, mais aussi une monnaie. Les ouvriers agricoles sont ainsi payés avec trois pains par jour contre cent galettes et trois pains de froment pour un fonctionnaire...

LES HÉBREUX RAPPORTENT LE PAIN EN TERRE PROMISE

Nomades et éleveurs, les Hébreux se nourrissaient plutôt de viande de mouton. Ils se familiariseront avec le bon pain en Égypte où ils sont le plus souvent esclaves. Lorsqu'ils s'enfuiront à la suite de Moïse pour rejoindre la Terre promise, ils n'auront pas eu le temps de laisser le pain fermenter. En commémoration de cette traversée du Sinaï qui devait durer quarante ans, ils célèbrent la Pâque en mangeant du pain azyme, c'est-à-dire non-fermenté. Les Écritures disent : « On mangera du pain azyme pendant sept jours ; on ne verra pas chez toi de pain levé, ni dans tout ton territoire » (Exode, XIII, 7). Relégué au quotidien, le pain levé est considéré comme impur, souillé par la fermentation. Mais il est devenu essentiel comme en témoigne la parole divine : « Si vous suivez mes lois [...] vous aurez blé et pain en abondance »...

LES GRECS FABRIQUENT LE PAIN COMME DES DIEUX

Tout comme les Égyptiens, les Grecs sont les maîtres du pain. Dans la Grèce antique, le pain le plus courant est une galette d'orge non fermentée cuite sur une pierre chaude (maza). Les jours de fêtes, on mange un pain de blé dont la pâte peut contenir de l'huile d'olive.

L'évolution des fours

Le premier four au monde a été découvert en Asie Mineure, à Tschatal Hüjük, aux abords d'une maison. Il remonte à 5 800 ans av. J.-C., on présume qu'il a servi à cuire le pain. En Bulgarie, des fours à coupole ont été construits vers 4800 av. J.-C. Quant aux premiers fours à voûte, ils remontent à plus de 4500 ans, et étaient composés à l'origine d'une surface pavée et d'une voûte allongée. Apparemment, les Germains utilisaient des fours excavés souterrains. Les Égyptiens, eux, utilisaient un four cylindrique, composé d'un four inférieur servant à faire du feu et d'un four supérieur servant à cuire le pain. Au Proche-Orient, on utilisait des fours à coupole, qui ont ensuite été perfectionnés par les Romains.

Au Moyen Âge, le boulanger enfournait le bois directement dans la chambre de cuisson, il fallait ensuite la libérer de ses cendres pour enfourner les pâtons à chaleur descendante... Puis la combustion sera améliorée, et le foyer placé sous la sole du four, le pain étant glissé directement sur la sole constituée de briques réfractaires. À partir des années 1920, les boulangers équipent leur four de brûleurs au gaz ou au mazout. Les fours électriques les remplacent à mesure que baisse le prix de l'électricité. Au fournil, à la fin du XXe siècle, modernité et tradition ne s'opposent plus : après l'ère de la baguette moulée et des terminaux de cuisson industriels, la cuisson sur four à sole a retrouvé toutes ses lettres de noblesse.

Le soc en Mésopotamie

Aux alentours de 3000 av. J.-C., le formidable essor économique de la civilisation sumérienne est lié à l'invention de la charrue : la culture de l'orge et du blé devient florissante.

Peu à peu, il quitte l'espace domestique pour les fournils des boulangers professionnels. C'est à ce moment que le four remplace définitivement les anciennes cloches de terre posées sur une pierre ou les moules chauffés. Le levain n'est plus préparé seulement avec des restes de pâtes de la veille mais au moment de la récolte avec un mélange de houblons et de moût de raisins. Au IIe siècle av. J.-C., les boulangeries d'Athènes ne comptent pas moins de soixante-douze variétés de pains et gâteaux : pains d'orge pour les pauvres ou pains de seigle importé d'Égypte, pains de farine d'épeautre ou de froment, miches rondes de farine de blé, pains à l'huile au lait et au poivre, pains au fromage, pain blanc de farine de froment bien tamisée ou enfin, pains levés aromatisés aux herbes ou garnis d'olives, qui révolutionnèrent littéralement l'art du boulanger.

L'importance symbolique du pain est si forte que le culte de Déméter, « déesse des grands pains et des moissons », devient la religion officielle d'Athènes.

Plusieurs siècles avant notre ère, ce sont eux qui introduiront le pain en Gaule, notamment à Marseille où la mousse de bière est utilisée pour faire lever la pâte au profit d'un pain léger. Plus tard, les boulangers grecs s'installeront chez les Romains qui deviendront de grands amateurs de pain, au point de l'étudier et de progresser dans la connaissance de ses qualités nutritionnelles.

LES CHRÉTIENS VIVENT LA « TRANSSUBSTANTIATION »

Après la naissance de Jésus à Bethléem, dont le nom signifie « ville du pain » en araméen, le pain sera plus associé à la rédemption qu'à la malédiction faite à Adam et Ève (« Tu gagneras ton pain à la sueur de ton front ! »). Largement distribué dans les très nombreuses boulangeries professionnelles qui fleurissent dans les villes de Palestine, c'est l'aliment le plus répandu de cette époque. Il va devenir le symbole même du Christ : de la métaphore « Je suis le pain de la vie, celui qui vient vers moi n'aura pas faim » (Jean VI, 26, 27, 35) en passant par la multiplication des pains, jusqu'à la Cène où le Christ énonce la transsubstantiation : « Prenez et mangez. Ceci est mon corps » (Matthieu XXVI, 26). Les fidèles feront souvent bénir leur pain, et l'Église catholique adoptera après quelques siècles le pain azyme pour la communion, c'est-à-dire un pain pur, non fermenté.

Curieusement, des rites païens antérieurs utilisaient des figurines en pain qu'il s'agissait de manger en Italie ou même au Mexique.

Les hommes d'Église, qui fustigeaient ces pains modelés à l'image de l'homme, se sont souvent fait une raison : ainsi en Sicile, où les habitants les apportaient en ex-voto à l'église, sous forme de parties du corps, pour leur action de grâce. Les traditions

sont innombrables, très diverses. Près de Colmar, les garçons recevaient une femme en pain et les filles une figurine masculine le jour de leur union : il s'agissait pour chacun de la dévorer sous le regard et les plaisanteries grivoises de l'assistance. Étrange cannibalisme, souvent associé, de façon plus ou moins imagée, à la fertilité.

Au nom de la foi chrétienne, il fut désormais interdit de donner du pain aux animaux, de faire un signe de croix sur le pain avant de le rompre, et de poser le pain à l'envers, par contre il fallut embrasser le pain qui tombait au sol comme pour racheter sa faute...

LES ROMAINS DISTRIBUENT LE PAIN

Si l'on en croit Caton, à l'époque où les boulangeries d'Athènes regorgeaient de pains délicieux, les Romains considéraient la fermentation fortuite de la pâte comme un accident. Il faut attendre le IIe siècle av. J.-C. pour que les boulangers grecs s'installent à Rome. Dès lors, la fabrication fait des progrès techniques considérables. Le premier de tous concerne le pétrissage de la pâte pour lequel les Romains inventent l'ancêtre du pétrin mécanique : une cuve cylindrique dans laquelle un bras artificiel est actionné par un mécanisme. Des pains de toutes formes étaient fabriqués. Les plus courus étaient ceux qui étaient supposés accroître l'appétit des convives, des pains « grivois », que l'on a retrouvés intacts dans les ruines de Pompéi.

Boulanger, un métier reconnu

Le pain jusqu'au Moyen Âge est surtout une affaire de famille, on paye le suzerain pour moudre et cuire au four communal. Au XIe siècle, il devient acteur d'un vrai corps de métier sous la protection du roi. En France, on appelle les boulangers talemeliers (en raison du tamis dont ils se servent pour nettoyer la farine). Ils deviennent tellement indispensables que la profession fait l'objet d'une importante réglementation. Le grand panetier du roi nomme dans chaque ville un maître des talemeliers qui est chargé d'administrer la profession et douze jurés pour l'assister. Ils passent les pains en revue chaque semaine et donnent des amendes si les pains ne répondent pas à certains critères. Les boulangers travaillent en suivant le rythme du soleil.

Le pain d'épices

La recette nous a été rapportée par Philippe le Bon, qui l'avait découvert dans les Flandres, à Courtrai, en 1452. Le pain d'épices contenait alors du miel et toute une gamme d'épices : cannelle, gingembre, poivre, clou de girofle, anis, cumin, fenouil, coriandre... Au XVIIIe siècle, le sucre remplace le poivre dans les recettes de pain d'épices. La tradition des cochons en pain d'épices vient de la foire du Trône qui se tenait jadis dans l'enceinte de l'abbaye royale de Saint-Antoine. Le roi ayant interdit aux moines de laisser leurs cochons folâtrer les jours de foire, ils se vengèrent en faisant vendre sur les étals une multitude de petits cochons en pain d'épices.

Histoire du croissant

La première viennoiserie date de 1683. Le roi de Pologne avait mis en déroute l'armée turque qui assiégeait Vienne. Pendant la nuit, les boulangers autrichiens qui travaillaient au fournil ont entendu les travaux de sape des Turcs sous les murailles et ont alors donné l'alerte. C'est ainsi que Vienne a été sauvée. En souvenir de leur exploit, les boulangers ont fabriqué un petit pain à l'image de l'emblème du drapeau turc : le croissant, fait d'une pâte levée, sucrée et feuilletée, roulée sur elle-même et dorée à l'œuf.

DU PAIN GRATUIT POUR LES PAUVRES

Le raffinement n'a jamais empêché la misère. Les empereurs romains distribuent gratuitement le pain aux chômeurs de plus en plus nombreux. Bientôt le phénomène prend une ampleur inouïe et le nombre de bénéficiaires quintuple en moins d'un siècle. À la fin de l'Empire romain, ce droit au pain gratuit devient un droit héréditaire et le jeton (la tessara) que l'on doit présenter contre le pain se transmet de père en fils !

DISETTES AU TEMPS DES SEIGNEURS

Régime féodal oblige, le grain et le pain n'appartiennent pas à celui qui les cultive mais au seigneur qui possède les moulins à farine et les fours banaux, utilisables contre paiement d'une redevance. Entre les XIe et XIVe siècles, les campagnes européennes connaissent de fréquentes famines. Le pain des pauvres est alors rarement constitué de froment pur, mais d'un mélange de méteil, d'orge et de froment à peine tamisé. À cette époque apparaissent aussi les pains de famine : pains de farine mêlée de paille, d'argile ou d'écorces d'arbre broyées, de farine de glands, de racines ou d'herbes pilées, le tout plus ou moins cuit sous la cendre... et franchement insipide ! Au château, les seigneurs mangent des viandes découpées en lamelles et posées sur des assiettes en pain bis, les

«tranchoirs». À la fin du repas, ces pains assiettes imbibés des graisses et jus de viande sont traditionnellement donnés aux paysans. C'est leur seul luxe alimentaire. Le pain est plus que jamais un moyen de reconnaissance sociale, à tel point qu'il porte le nom de la caste à laquelle il s'adresse : pain de cour, pain de pair, pain de pape, pain de chevaliers, pain d'écuyers, et même pain de valets.

Il faut attendre 1260 pour que les boulangers parisiens s'organisent en corporations placées sous l'autorité royale. Un peu plus tard, sous le règne de Charles V, ils acquièrent le droit de fabriquer le pain blanc bourgeois, le pain brun et le pain noir de seigle «armé de toute sa fleur de son».

DU PAIN POUR GAVROCHE

Les incessantes menaces de disettes expliquent l'acharnement du pouvoir français à encadrer la production. Si le prix du pain est désormais libre, l'aide publique à la vente de blé et les décrets des années 1990 favorables au «bon pain» témoignent encore d'une sensibilité historique à fleur de peau : à partir de 1789, le manque de pain déclenche pas moins de trois révolutions en soixante ans !

À partir du XVIe siècle, la misère des campagnes pousse dans les villes des populations affamées. Le prix des céréales perd la tête. La découverte de l'or par les conquistadores provoque une inflation terrible dans toute l'Europe. Au XVIIe siècle, les disettes empirent et la révolte gronde. La loi est implacable : un enfant qui vole un pain est condamné aux galères à vie ! Dans la France du XVIIIe siècle, le problème le plus grave reste le prix du pain. Les personnes conviées à dîner sont invitées à apporter le leur ! En 1787, la récolte est abondante mais on exporte tant de blé que les subventions à l'importation ne comblent pas le manque. Avec la mauvaise récolte de 1788, puis la sécheresse de 1789, l'une des plus importantes famines de l'histoire s'installe. La foule devient aveugle : émeutes et rumeurs se multiplient, les boulangers sont conspués… Le 14 juillet 1789, le peuple en colère prend la Bastille pour s'emparer des stocks de blé imaginaires de son grenier. La famine persiste, les responsables sont tout désignés. Le 5 octobre, une armée de femmes, d'hommes et d'enfants littéralement affamés marche sur Versailles et tente de s'emparer du roi, de la reine et du dauphin rebaptisés « le boulanger, la boulangère et le petit mitron ». Marie-Antoinette, qui a introduit avec succès le croissant viennois à Paris, n'est pas épargnée… Des boulangeries sont attaquées et le peu de farine disponible est rapidement mis à sac.

Mon moulin va trop vite…

À l'origine, la main de l'homme écrasait les grains à l'aide d'une petite pierre ronde sur une pierre plate. Puis les Égyptiens se sont servis du pilon et du mortier. Ce sont les Grecs ou les Hébreux qui ont inventé le procédé de la meule tournante formée de deux pierres coniques. La pierre du haut était mobile et actionnée par la force des esclaves ou des chevaux. Un siècle av. J.-C., les Romains pensent à utiliser la force des cours d'eau par le biais de roues qui entraînent les meules. En France, il faudra encore attendre le Ve siècle apr. J.-C. pour voir un moulin à eau, et le IXe siècle pour que tourne un moulin à vent. La minoterie moderne, quant à elle, naît en Amérique, à la fin du XVIIIe siècle, avec les premiers moulins à vapeur. Au début du XIXe, en France, des évolutions techniques permettent d'extraire du grain une plus grande quantité de farine, qui devient aussi de plus en plus blanche et s'exporte avec succès.

En Hongrie, à la fin du XIXe siècle, des cylindres de porcelaine, puis de métal remplacent les meules, permettant d'extraire par étapes successives une farine encore plus fine et plus blanche. Elle fait le succès de la boulangerie viennoise, l'engouement devient international. Les progrès des moulins attirent la foule à l'Exposition universelle. Aujourd'hui encore, avant d'être moulu, le grain est débarrassé de ses impuretés, parfois lavé, conduit au degré d'humidité voulu pour être écrasé en plusieurs étapes avec des tamis de plus en plus fins selon la mouture désirée. Un taux d'extraction à 75 % correspond au pain le plus couramment demandé, il est de 80 % pour le pain bis, de 93 % pour le pain complet. On considère néanmoins qu'à condition d'éviter l'échauffement, la meule respecte mieux le grain quand il s'agit de faire un pain dont le son et le germe ne sont pas écartés.

La Révolution supprime la gabelle, ce fameux impôt sur le sel qui empêchait le peuple de goûter au pain salé, mais le pain continue à manquer…

La Constituante impose alors des prix obligatoires et autorise les boulangers à cuire un seul type de pain : le « pain d'égalité » fait d'une farine mélangée de 3/4 de blé et 1/4 de seigle avec le son. Suivront les cartes de rationnement, la suppression de la corporation, la nécessité de faire la queue de nuit sans être certain d'être servi, la distribution du pain subventionné à domicile… Rien n'y fait : la foule armée envahit l'Assemblée en réclamant « du pain et la Constitution de 93 » ! Le pain subventionné sera dès lors réservé aux classes défavorisées.

Avec Napoléon, la profession se réorganise mais les disettes font leur retour, justifiant l'acharnement de Parmentier à développer la production de pommes de terre.

Sous le règne de Louis XVIII, une patente permet d'approvisionner les boulangers et de leur verser une compensation quand le prix du blé est trop élevé mais les litiges anéantissent vite le mécanisme. La revendication « Du travail et du pain » amène Louis-Philippe au pouvoir. Il faudra attendre d'abondantes récoltes, à la fin du Directoire, pour rétablir la liberté du commerce du blé, de la farine et du pain. Le pain est alors vendu au poids. Mais l'année 1846 renoue avec une mauvaise récolte de blé, des émeutes, des pillages de moulins. Malgré les subventions pour faire baisser les prix, le pain est un enjeu vital : une troisième révolution éclate deux ans plus tard !

Le boulanger combattant

Pendant la Commune de Paris, les apprentis boulangers ont trouvé un moyen pacifique de se révolter contre le travail de nuit et les salaires de misère. Le même matin, ils ont tous fabriqué leur pain sans y mettre de sel, faisant ainsi la grève du sel. C'est pour les empêcher de quitter le fournil qu'après une grève, une ordonnance du XVIe siècle leur avait interdit de porter l'épée, et les avait obligés à travailler en chemise, en bonnet et en caleçon !

Du pétrin à main à la lubie de la pâte « lessivée »

Si les ancêtres du pétrin mécanique sont romains, le XIXe siècle voit surgir les pétrins à manivelles, pétrins hippomobiles sur le modèle des pétrins antiques, pétrins hydrauliques... Entre-temps, le pétrissage à la main, parfois avec les pieds, rend le métier pénible tout au long de l'histoire.

L'apparition des moteurs à essence et électriques marque des avancées vraiment convaincantes. C'est le manque d'hommes pendant la Première Guerre mondiale qui précipite leur utilisation. En 1954, un boulanger de Vendée a l'idée de doubler la vitesse du pétrissage et de l'accentuer alors que la tradition associe un temps de pétrissage assez bref à de longues étapes de fermentation. La pâte ainsi lessivée donne une baguette soufflée au volume dédoublé, très blanche. Fatiguée du mauvais pain gris de la guerre, la population l'adoptera vite sur tout le territoire. Il faudra quarante ans pour se défaire de la fadeur, de l'inconsistance de la mie et de la mauvaise conservation de ce pain facile à fabriquer. Alors que dans les années 1930, un Français consommait en moyenne 500 grammes de pain par jour, sa consommation descend à 200 grammes dans les années 1970 et 60 grammes dans les années 1980. Le sursaut des années 1990 est salutaire !

Des blés de plus en plus sélectionnés

Avec les découvertes génétiques faites en 1860 par le moine botaniste Gregor Mendel, la culture du blé sera bouleversée. Si les méthodes d'hybridation ne sont pas aussitôt exploitées, elles le seront au XXe siècle, qui se caractérise bien par la productivité : les surfaces ne cessent de diminuer et les rendements d'augmenter. La sélection prend en compte la « qualité boulangère » des blés, une définition à la fois agronomique et minotière, qui devra évoluer au XXIe siècle pour intégrer les critères, ô combien importants, du goût et de la qualité nutritionnelle. La recherche génétique et les techniques in vitro permettent de relever le défi.

LA HANTISE DU PAIN NOIR

Au cours du XIXe siècle, le petit peuple souffre encore à maintes reprises de privations, mais il goûtera aussi au pain blanc.

À la fin de la Première Guerre mondiale, les États-Unis privent l'Allemagne et l'Autriche de blé pour accélérer leur chute. Puis 1928 enregistre une incroyable année de surproduction. Malheureusement, la crise des années 1930 est proche : les Français retournent dans la rue pour réclamer « du travail et du pain ! »

Dix ans plus tard, dans la tourmente de la guerre, certains mangent un pain noir si mauvais qu'ils ne rêvent plus que de pain blanc… Le retour à la paix ne rime pas avec abondance mais avec carte de rationnement.

Troisième chapitre

Pains du monde

Le pain levé au froment a fait notre réputation à travers le monde.
Mais de la fougasse provençale au craquelin de Saint-Malo,
de l'énorme pumpernickel au fluet gressin, du pain quotidien
à celui réservé aux jours de fêtes traditionnelles,
il ne faut pas oublier la diversité des pains de France…
Cette découverte des pains des régions peut pimenter
nos échappées de réjouissantes dégustations.
Contrairement aux idées reçues, il y a aussi de bons pains
bien au-delà des frontières : réveillons nos papilles
pour découvrir le fameux bretzel du centre de l'Europe,
la galette mongole ou la tortilla mexicaine…
L'histoire du pain nourricier est sans doute la mieux partagée.
À travers son rapport au pain,
chaque peuple révèle la survivance de ses croyances
avec une déconcertante simplicité.

EN RÉGION, DES PAINS À FOISON...

Chaque région, chaque canton, voire même chaque village peut avoir sa spécialité. Il est bien sûr impossible de les énumérer tous mais voici un tour de France succinct des pains les plus représentatifs. En les dégustant aujourd'hui, il y a peu de chances de retrouver le goût d'antan : si les recettes sont restées, les variétés locales de blé ont presque toutes disparu.

Au Centre de la France, le pain est rond comme les volcans d'Auvergne : tourtes, pains polka, gros pains de seigle et de méteil. La région compte également des pains plus longs tels les pains fendus, les pains chemin de fer ou maniodes.

À Paris, il n'y a pas de pain réellement ancré, hormis la baguette créée en 1840 comme un pain frais fantaisie pour des citadins qui disposent de boulangeries à leur porte. D'abord pain de trois livres, elle s'est beaucoup allégée au fil du temps pour se stabiliser dans les années 1960. Aujourd'hui, c'est le pain le plus consommé en France, à raison de dix milliards de baguettes par an ! Quant aux pains fantaisie, pains de mie et autres petits pains parisiens, ils empruntent leur nom aux différentes provinces : artichaut, auvergnat, benoîton, choine, empereur, pistolet, tabatière, pain miraud.

Le Nord est la région du boulot de quatre livres, de la flûte et de la faluche, un petit pain du matin fourré au beurre. La fouace du Nord est un pain brioché pétri avec du beurre, du sucre et des œufs.

Certains pains ont des formes très répandues comme le pain fendu, que l'on trouve aussi bien dans le Centre de la France que dans les Alpes et le Midi. Fendu dans sa longueur comme s'il était fait de deux lobes. Le creux est fait avec l'avant-bras ou avec un rouleau à pâtisserie. Dans un autre genre, le pain tordu est non seulement fendu mais aussi torsadé. On le trouve aussi bien dans le Limousin qu'en Charente.

Les côtes de la Manche abritent également des pains bien particuliers. La gâche est une grande galette de pâte de froment salée et peu fermentée, tandis que le pain brié est le résultat d'une pâte pliée repliée, ce qui donne une mie très dense.

En Normandie, on mange le pain à soupe, rond et plat. Peu levé, très dur, il est parfait pour tremper dans la soupe. À Rouen, on trouve toujours le pain brié, comme dans la Manche, et le pain à la broche. Le Calvados a inventé la manchette, une couronne dans laquelle on passe le bras pour la transporter ! En Basse-Normandie, la falue est un assemblage de petits pains dits aussi pains marguerite, en pétales autour d'un cœur.

Plus à l'ouest, en Bretagne, le pain a tendance à être assez costaud. Le pain miraud des Côtes-d'Armor peut peser jusqu'à 15 kilos, tout comme le pain méteil de Douarnenez. Dans le même genre, le pain saumon en Côtes-d'Armor, le bonimate, le pain de Morlaix, le bara michen dans le Finistère, le monsic en Cornouaille et le pain bateau dans le Morbihan. A contrario du craquelin, un petit pain creux, léger et croustillant relancé avec succès du côté de Saint-Malo.

Au sud, la Gironde est le domaine de la couronne bordelaise. En pays de Garonne, les pains les plus répandus sont le gascon ou l'agenais. Dans les Landes, on fabrique heureusement encore la délicieuse méture à la farine de maïs, tandis que le Gers, plus riche, aime la flambade, flambadelle ou flambelle et le tordu, torsadé qui accompagnait la poule au pot du bon roi Henri IV. Les Pyrénées-Atlantiques pétrissent le tignolet, les Hautes-Pyrénées le quatre-banes des bergers et les Pyrénées-Orientales, le ravaille et le pain coiffé.

Le Midi aime le tordu et, sur la côte, le charleston et le phœnix, un pain viennois. Plus rustique, le pain de Lodève voisine avec le traditionnel échaudé, un petit pain très ancien. Dans la même région, le pain de Lodève est un très bon pain à mie très alvéolée. La pâte est mise dans un torchon et tordue avant d'être enfournée. On trouve aussi le pain à cornes.

La Provence pétrit le pain d'Aix et la tête d'Aix, ainsi que le charleston niçois, la michette et la main de Nice, encore appelée monte-dessus !

Tout le Midi est célèbre pour la fougasse, fendue de larges ouvertures obliques. Celles de Provence peuvent contenir de l'huile d'olive et la fougassette est fourrée de lardons. Le fibassier de Cavaillon dans le Vaucluse est un pain plat fendu et cuit à l'huile. Citons enfin la coupiette, le pain corse.

Dans la vallée du Rhône, on fait encore le pain de Beaucaire, un autre pain à cornes, le pain scie et la maniode plus rustique. À Lyon, c'est la couronne et son modèle réduit, la rioute, qui font les bons mâchons. La couronne du Bugey est une spécialité de l'Ain. Les randonneurs des Alpes emportent un pain carré, le pain bouilli, le pain vaudois ou la girade dans les Hautes-Alpes.

En Bourgogne et en Champagne, on taille de solides tartines dans le pain cordon, le pain boulot et le pain saucisson, sans oublier le pain marchand de vin, qui doit sa renommée au fait qu'il peut être le pain le plus long, en dépassant les 1,60 mètre.

Plus à l'est, en Alsace en particulier, la faveur est accordée aux pains fantaisie : pain tressé et natté, tabatières, pain Graham, sübrot, pains aux noix, aux poires, aux pommes, à l'anis et au pavot, pains d'épices et bretzels salés. Mention spéciale au pumpernickel et à sa saveur très particulière :

pouvant peser jusqu'à 30 kilos, c'est le pain le plus lourd ! Fait au levain avec du seigle très grossièrement broyé, on devait autrefois le pétrir avec les pieds et le cuire 24 heures durant...

LES PAINS À CONNOTATION RELIGIEUSE

La couronne est un pain largement répandu en France, en Savoie, dans le Bordelais, dans le Bugey, dans le sud de la Bretagne. Elle aurait été imaginée par les huguenots en réaction aux catholiques qui avaient pour habitude de tracer un signe de croix sur le pain avant de l'entamer. Difficile en effet de faire un signe de croix sur un cercle vide en son centre ! Beaucoup de pains régionaux traditionnels ont une origine religieuse ou tout au moins un lien fort à la religion.

Dans le Cotentin, par exemple, le pain garrot doit être confectionné pour le troisième dimanche après Pâques. Dans le Morbihan, le bonimate est présent à Noël tandis que le benoîton, que l'on retrouve partout en France, doit son nom à saint Benoît. Le petit pain choine, originaire du Sud-Ouest, était un pain réservé au chanoine : il était salé, alors qu'à l'époque le sel coûtait cher et était inaccessible au peuple. En Bourgogne, le pain cordon tirerait son nom de la ceinture en corde des moines.

PETIT VOYAGE DANS LE MONDE

D'une façon ou d'une autre, chaque région, chaque pays, connaît le pain, ou une manière de pain. On imagine parfois que la Chine ne connaîtrait que le riz, or c'est le premier pays producteur de blé au monde. Il existe en Chine du Nord une vraie tradition de pain, cuit à la vapeur ou frit, souvent farci de viande ou de légumes. Plus au nord encore, les Mongols continuent de consommer une galette dont la recette n'a pas évolué depuis des siècles, faite de beurre et frite dans de la graisse de mouton ou de bosse de chameau ! En revanche le Japon n'a pas de recettes traditionnelles de pain. La baguette japonaise, à la saveur très douce, est inspirée de la baguette française, et le shokupan du pain de mie britannique. Les pains indiens, le naan surtout, sont assez populaires depuis quelques années en France ; on en trouve même dans les grandes surfaces.

Le naan vient d'Inde du Nord ; il est fait de farine et de yaourt et levé au bicarbonate de soude. Il doit sa forme reconnaissable aisément au fait qu'il est frappé à plusieurs reprises contre la paroi du tandoor, le four d'argile dans lequel il est traditionnellement préparé. L'Inde du Nord est la région des chapatis, ces crêpes de farine complète très fines, cuites sans matière grasse sur une plaque de métal.

À l'autre bout du monde, au Mexique, c'est le maïs qui est la céréale nationale. Elle est utilisée dans la préparation de la crêpe traditionnelle,

la tortilla, qui prend le nom de taco lorsqu'elle est repliée en chausson. Les Américains se sont inspirés de la tradition mexicaine et préparent eux un corn bread au maïs blanc ou jaune.

Maïs toujours au Portugal avec le broa de milo, originaire du nord du pays, un pain rond à la mie jaune bien sûr. Mais au Portugal, comme en Espagne et en Italie, la couleur dominante des pains est le blanc.

Toujours en Méditerranée, la Grèce est le pays de naissance de la pita, qui s'est ensuite répandue dans tout le Moyen-Orient. Pain de farine blanche à la levure, on le mange souvent farci, de viande, d'oignons, de légumes. On l'appelle pide en Turquie, kesra en Algérie, khoz au Liban, khobz en Syrie et au Yémen. Au Liban on consomme également un pain appelé markouk, une galette cuite au feu de bois, mais aussi le man ouché, une galette plus épaisse que l'on agrémente d'huile d'olive et de sésame. Dans la région, on est également friand de lavash, originaire d'Arménie, un pain tout plat et tout mince. Le pain typiquement iranien est le barbari ; il s'agit d'un pain blanc léger et croustillant, plat, parsemé de sésame, de cumin ou de carvi.

À des milliers de kilomètres de là, la Suède est friande de knäckebröd, un pain dur cuit en forme de disque très plat, que l'on enfile traditionnellement sur une perche horizontale pour le faire sécher, ce qui explique la présence du trou en son centre. Le tunnbröd du nord du pays est une galette de blé, souple et rectangulaire qui se mange telle quelle, simplement beurrée ou roulée avec des harengs à l'intérieur par exemple. En Norvège, le flatbröd

est une galette extra-fine et craquante. Un autre pain suédois traditionnel et incontournable se nomme limpa, fruit d'un alliage de seigle et de blé, préparé avec un mélange de mélasse, de cardamome, de clou de girofle... Si la Scandinavie aime les pains de seigle, c'est bien l'Allemagne qui domine le sujet. Chaque land a pour ainsi dire sa recette traditionnelle de pain de seigle complet, vollkornbrot. Les pays baltes et la Russie mangent également leur pain noir, notamment le célèbre borodinsky, issu d'un riche mélange : seigle, orge, yaourt, babeurre, mélasse, malt...
L'Europe centrale est, pense-t-on, le berceau du fameux bretzel, si populaire aux États-Unis. En fait on ne sait même plus d'où ni de quand il date, du Moyen Âge, de la Rome antique ? Il est peut-être allemand à l'origine, en tout cas il est indissociable de la culture yiddish, tout comme le pain tressé ou zupfe, à la croûte brillante, riche en lait, en œuf et en beurre.

Le roi de la boulangerie au Brésil

Olivier Anquier est un Français d'une quarantaine d'années installé au Brésil depuis vingt ans. Ancien DJ à Paris, il a débarqué au Brésil pour faire la même chose puis il est devenu mannequin. À la fin des années 1980, il s'installe définitivement au Brésil et se lance dans la boulangerie. Son enseigne « pains de France » marche très fort à São Paulo, au point qu'il obtient un gros contrat avec une marque de grande distribution. Aujourd'hui il est à la tête de près de 40 boutiques. Il devient star pendant la Coupe du monde de football 98, chargé par le journal de la chaîne de télévision Globo de présenter la France. Succès total. Aujourd'hui il anime une émission gastronomique, *Diario do Olivierü* (L'agenda d'Olivier).

LES FÊTES DU PAIN

Sainte Lucie au cœur du pain en Suède

Sainte Lucie est fêtée le matin du 13 décembre dans toutes les familles suédoises, et chaque école, chaque ville, chaque entreprise choisit sa propre Lucie, qui, vêtue d'une longue robe blanche et coiffée d'une couronne garnie de bougies, apporte sur un plateau le café et le pain au safran. Il arrive aussi qu'elle serve une boisson chaude, le vin épicé appelé glögg. Les enfants se rassemblent autour du lit des parents. La plus jeune des filles s'avance toute illuminée et portant un plateau sur lequel sont disposés des mets pour le petit déjeuner : du café, des brioches au safran, des gâteaux au gingembre en forme d'étoile, de pantin ou de cœur (les lussebullar). Les enfants chantent des chants traditionnels.

Pour fêter Noël et Nouvel An

En Provence, le pain de la Nativité est décoré d'une croix faite de noix et d'un rameau d'olivier. Depuis des siècles, les stollen de Dresde et les printen d'Aix-la-Chapelle viennent garnir les tables de Noël en Allemagne, tout comme le panettone en Italie. Dans les Balkans et en Amérique du Sud, les décorations du sapin de Noël sont fabriquées avec de la mie de pain ou de la pâte à sel.

Le pain des morts mexicain

Au Mexique, on honore les morts avec le « Pan de muertos » à la fête de la Toussaint, exactement comme à Tolède au cœur de l'Espagne. En Afghanistan, à l'occasion de la fête du sacrifice islamique, ce sont des morceaux de pain qui sont répandus dans les cimetières.

La Saint-Nicolas, gourmande comme Noël

Saint Nicolas est fêté dans l'Est, le nord de la France, la Belgique, l'Allemagne, l'Autriche, les Pays-Bas, bref, dans pratiquement tous les pays du nord et de l'est de l'Europe. Tous les 6 décembre, saint Nicolas distribue des friandises aux enfants et se voit remettre les clés de la ville par le maire. C'est une fête importante qui s'accompagne de défilés prestigieux, feux d'artifice, spectacles, goûters, fanfares dans les rues... Les enfants dégustent des saints Nicolas en pain d'épices et en chocolat.

Des origines païennes

Les Rameaux sont fêtés à Limoges avec des « pains à trois cornes », pendant qu'en Poitou-Charentes on prépare des « pines ». Traditions dont l'origine est certainement antérieure à la chrétienté, qui ne justifie pas cette connotation sexuelle. L'équinoxe de printemps, symbole de fécondité, était alors l'occasion de nombreux rites païens dont la persistance ne cesse de nous surprendre.

Quatrième chapitre

Petit guide du pain

Faire son pain à la maison, pour le plaisir
et la fierté d'y arriver tout seul, juste avec quelques poignées
de farine, un peu de ferments et d'eau.
Faire son pain pour mieux humer ces effluves
qui emplissent la maison et nous invitent à le trancher et
à le déguster ensemble autour de la table.
Il y a du partage et du sacré dans le pain : allez savoir pourquoi
certains cordons bleus ne s'y risquent jamais ?
Alors que d'autres, dont c'est parfois l'unique spécialité,
s'y sont aventurés avec succès...
Les petits robots à pain, qui ont conquis la France
après l'Allemagne et l'Europe du Nord,
ont le mérite de donner le courage de se lancer
sans le moindre risque et avec beaucoup de chances de progresser.
Pour proposer un jour son propre pain, à nul autre pareil...

FAIRE SON PAIN À LA MAISON

Quelques conseils indispensables

Le pain mérite du temps, de la patience et de l'attention. Quelques règles d'or à suivre pour obtenir satisfaction : la pâte doit être travaillée puis reposer dans une pièce à température ambiante tiède (autour de 25-30 °C) dépourvue de courants d'air. Elle doit être recouverte d'un linge quand elle repose. Bref, l'air est l'ennemi du pain ! Il faut préparer les ingrédients en avance, idéalement la veille, pour leur permettre de donner le meilleur d'eux-mêmes. La farine et l'eau doivent également être à la même température que le lieu de travail. La température de l'eau fait monter celle de la pâte ; elle ne doit en aucun cas dépasser 26 °C (si elle est trop élevée, la fermentation sera trop forte). **Attention** : la levure chimique alsacienne si utile en pâtisserie ne convient pas du tout pour faire du pain !

Le bon équipement

Que les possesseurs de cuisines « normales » se rassurent : il est possible de faire un bon pain dans un four classique. Qu'il soit au gaz ou électrique, l'essentiel est qu'il soit chauffé à température constante. Il faut préchauffer le four 15 à 20 minutes avant d'enfourner, pour ne pas que la pâte se dessèche au début de la cuisson. La température du four doit être comprise entre 220 °C et 240 °C.

S'aider d'une machine à pain

La mode est au fait maison ! Investir dans les machines à pâte et à pain est tentant dans la mesure où l'on n'ose pas s'improviser boulanger. Très simples d'utilisation, elles sont vendues avec un cahier de recettes qui permet de varier les plaisirs. À chacun de choisir entre pain complet, pain blanc, pizza, cake, pain d'épices, etc. ; le nombre de combinaisons de cuisson est impressionnant. L'aspect malin est bien sûr la programmation de nuit pour trouver un pain tout chaud au réveil. Bien entendu cette machine n'est pas un four, elle n'en a nullement la prétention. Elle offre néanmoins la possibilité de faire son pain rapidement, simplement, et, surtout, avec de bonnes chances de succès.

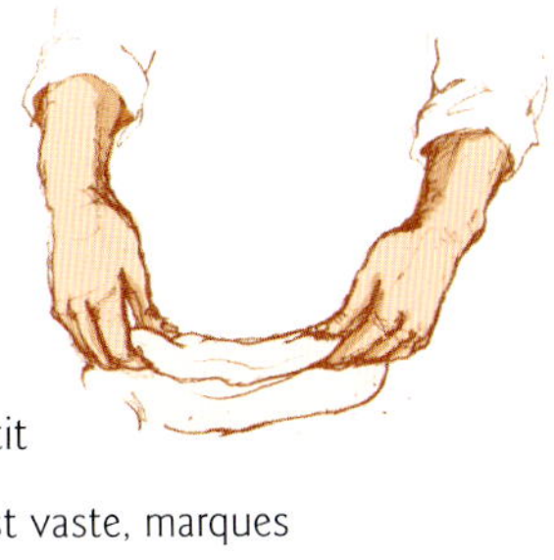

Le marché des machines à pain évolue très vite : après les spécialistes et les grands catalogues de vente par correspondance, Internet et les grandes surfaces proposent désormais des machines à pain. Au rayon du petit électroménager, la gamme des modèles et des marques est vaste, marques de distributeurs comprises. Certains vendeurs qui ont suivi un stage de formation sur l'utilisation de ces nouveaux robots sont de bon conseil.

Parmi les éléments de sélection à prendre en compte, voici quelques critères qui justifient parfois les différences de prix, en sachant qu'on peut désormais s'équiper correctement à un prix raisonnable :

• La cuve : choisissez-là de 600 g minimum avec un revêtement en Téflon pour la facilité d'entretien.

• La programmation de la mise en route : préparez vos ingrédients la veille au soir et soyez ainsi réveillé par les arômes de pain frais. C'est l'idéal mais c'est en option.

• Levain ou levure : on déconseille de mettre du levain dans la machine. Pourtant certains le font avec succès, à condition de disposer d'un temps de programmation suffisant pour permettre une longue fermentation.

• La cuisson de la croûte : certaines machines permettent de choisir de fabriquer une croûte plus ou moins épaisse. C'est un atout qui compense l'aspect « pain de mie » du pain fait machine.

• L'option sans gluten : certaines machines disposent d'un programme spécial pour l'allergie au gluten. Il faut l'utiliser avec une farine adaptée.

• Maintien au chaud : une fois le pain terminé, il existe une option qui permet de le conserver au chaud pendant une heure.

• La rapidité : certaines machines font le pain en une heure. On sait que le temps joue un rôle primordial dans le développement des arômes, ce n'est donc pas une priorité.

• Le hublot de contrôle : un gadget mais qui a un vrai intérêt pédagogique.

Réussir son pain

Commencez par bien réussir les pains classiques avant de vous lancer dans les recettes fantaisie. Il faut respecter scrupuleusement le mode d'emploi de la machine : une fois la recette choisie, vérifier le programme qui correspond et respecter les quantités éviteront bon nombre d'erreurs au débutant. Une fois ce pain réussi, il sera toujours temps d'adapter la recette au goût familial, par exemple de décider que vous le préférez plus ou moins salé. Ceux qui font leur pain savent que si le temps est humide, il faut diminuer la quantité d'eau, s'il est très sec, en rajouter un peu... Vous allez aussi découvrir l'importance de la qualité des ingrédients. On évite une eau trop douce, par exemple, car elle donne une pâte collante. Tester les différentes qualités de farine est un plaisir sans cesse renouvelé. Tout ce savoir-faire vous vient peu à peu naturellement. Les forums de discussions passionnées autour de la fabrication du pain ne manquent pas, vous y trouverez des commentaires sur le moindre défaut constaté sur le pain maison.

Parmi les « trucs » de base, sachez qu'il ne faut jamais verser ensemble la levure et le sel au risque de provoquer une réaction chimique : après avoir mis la farine, versez la levure dans un coin et le sel à l'opposé. Si vous devez mélanger des farines, versez d'abord la farine complète, parce qu'elle est plus lourde, puis la farine blanche. Vous pouvez aussi obtenir une croûte plus foncée en additionnant un peu de lait.

Commandez votre pâte

Vous n'osez pas encore faire votre pâte à la main et vous n'avez pas de machine ? Une première expérience est de commander de la pâte à pain à votre boulanger pour la mettre au four à la maison ! Il faut préciser le poids que vous voulez (200-300 g pour une baguette). Sachez que la pâte vit sous l'action de la fermentation, il faut donc bien suivre les conseils du boulanger quant au délai maximum avant de la mettre au four.

Cuisson au four

Certains se servent de la machine pour préparer la pâte mais pas pour la cuire. En préférant la mettre au four, vous aurez l'avantage de choisir la forme de votre pain (petits pains individuels, pain rond, pain long...) et d'obtenir une vraie croûte. Pour être sûr que votre pâton est prêt à être enfourné, exercez une faible pression avec les doigts : la pâte doit revenir immédiatement à sa forme originale.

Donnez alors quelques coups de lame en biais à l'aide d'un cutter sur le dessus du pain (1 centimètre environ) : les grignes, ces arêtes vives sur la croûte, sont la signature du boulanger – vous en l'occurrence – mais elles évitent aussi au pain d'éclater au moment où le gaz carbonique formé sous l'action de la levure s'échappe.

N'oubliez pas de glisser un bol d'eau dans votre four à côté de la pâte. Elle suscitera une buée indispensable à la formation de la croûte. Une astuce

consiste à mettre plutôt des glaçons dans le bol pour différer la diffusion de la vapeur. Un peu avant la fin de la cuisson, humecter la croûte avec un linge mouillé renforce les chances d'obtenir une belle croûte. Au sortir du four, laisser reposer votre pain : les échanges d'arômes se poursuivent entre la croûte et la mie. Si c'est un pain complet, vous ne le dégusterez que les jours suivants si vous voulez bénéficier de toutes ses qualités.

LE SECRET DE LA FARINE

C'est le blé tendre, le froment, qui est utilisé en boulangerie alors que le blé dur convient mieux aux pâtes et à la semoule. La France est le premier pays producteur d'Europe de farine de blé tendre. L'exigence du boulanger commence toujours par son intransigeance sur la qualité de la farine utilisée. La farine doit le plus possible être exempte de traces d'insecticide et de pesticide. La meilleure farine est broyée à la meule de pierre. Le processus est lent, a un rendement assez faible mais la farine ainsi obtenue est d'une finesse et d'une subtilité incomparables.

Cent kilos de blé donnent environ 75 kilos de farine. Dans ce cas, on parle d'un taux d'extraction de 75 %. Plus on écrase les grains, plus le taux d'extraction est élevé et moins la farine sera blanche. La farine complète s'obtient en mélangeant à la farine blanche une partie du son produit pendant la fabrication. Le son contient ce que l'on appelle des « cendres », des matières minérales dont la quantité détermine le type de farine dont il s'agit. Plus le taux de cendre est élevé, moins la farine est blanche.

Les farines sont donc officiellement (depuis un décret de 1963) classées en quatre catégories :

- *farines blanches* : de type 45, elles sont utilisées en cuisine et en pâtisserie, de type 55, c'est la farine de panification ou « de ménage » qui sert à confectionner pain blanc et viennoiseries
- *farines pour pains spéciaux* : type 65 et 80
- *farines bises* : type 110 pour faire des pains bis
- *farines complètes* : type 150, pour les pains complets notamment.

S'il n'y a pas de précision sur la nature de la farine, il s'agit d'une farine de grain de blé « industriellement pur et nettoyé ».

D'après un décret encore plus ancien (1935), la farine de froment « provient de la mouture exclusive de blé sain, loyal et marchand, c'est-à-dire de blé contenant moins de 16 % d'humidité, sans odeur désagréable, pesant au moins 69 kilos à l'hectolitre, contenant moins de 5 % d'impuretés autres que le blé cassé et moins de 8 % de blé cassé ». Ce que l'on appelle farine de gruau provient de blé dur.

LEVURE ET LEVAIN : LES DEUX FERMENTS

Au contact de l'eau et à température adéquate, des levures naturelles contenues dans la farine s'activent : c'est la fermentation.

La levure fraîche s'achète chez le boulanger. Elle provient de souches de ferments (saccharomyces) que l'on a ajoutés à la pâte. Elle existe également en version sèche, disponible en sachets partout dans le commerce. Il faut l'utiliser avec parcimonie : moins il y a de levure, plus la fermentation est longue et meilleur sera le pain. La levure doit être délayée dans de l'eau, tout comme le sel, mais dans un contenant différent. Sel et levure ne font en effet pas très bon ménage.

Le levain provient de l'intérieur de la pâte. Il est composé d'un ensemble de micro-organismes. Il est plus délicat à mettre en œuvre et nécessite plus de temps de travail que la levure, mais il donne un résultat meilleur. La pâte préparée à cet effet doit être conservée au frais pour servir plus tard. Certains prélèvent chaque fois un morceau de la pâte en cours afin de préparer le levain pour la prochaine fournée. Plusieurs facteurs cohabitent pour une bonne fermentation au levain : la quantité de levain utilisée, la température de la pâte, idéalement autour de 28-30 °C, et le temps. La fermentation au levain est donc la plus naturelle, et la meilleure en goût, d'après nos boulangers préférés !

Les choses se déroulent de la manière suivante : avant de faire son pain au levain à l'ancienne, le boulanger doit faire le levain. Il prélève un morceau de pâte dans son pétrin. En général il s'agit d'un mélange de farine de blé et de seigle. Il peut y ajouter du miel. Ce « levain chef » va fermenter une douzaine d'heures. Le boulanger fait ensuite un « rafraîchi », c'est-à-dire qu'il ajoute de l'eau et de la farine au levain chef. Ceci permet le développement des ferments. La fermentation dure encore une douzaine d'heures. Au terme de ce processus, le boulanger a entre les mains un levain qui lui sert à ensemencer sa pâte pour faire du pain au levain.

LA BONNE FERMENTATION

Elle aère le pain, elle l'allège, le fait vivre. Pour savoir si elle est réussie, mieux vaut avoir un bon nez. On peut en effet sentir si le devoir a été accompli. Normalement l'odeur doit être fruitée et un peu acide. Il arrive parfois que l'on sente une odeur de fruits pourris ; c'est que la main a été trop lourde en levure. Aujourd'hui, on redécouvre les vertus de la lenteur, indispensable à l'obtention du plus savoureux des pains. La saveur du pain au levain est très particulière, en outre il se conserve mieux qu'un pain « classique ». Alors bien sûr la fabrication du pain au levain est plus contraignante ; elle demande beaucoup de temps et de patience mais le produit est incomparable. Les pains au levain sont ainsi plus chers que les autres, et c'est parfaitement légitime.

FOUR DE PRO

Pour faire court, il existe deux grand types de fours : **les fours à chariot :** les pains sont placés sur des filets et cuits par de l'air chaud. Ces fours sont couramment utilisés par les grandes surfaces et les grands terminaux de cuisson. On reconnaît les pains cuits ainsi au quadrillage de leur croûte laissé sous le pain. **Les fours à sole :** les pains sont disposés sur une sole, un matériau réfractaire chaud. Ce sont les fours qui donnent le meilleur pain. Ensuite, il faut faire la différence entre **le pain « cuit au bois »** (la sole du four est directement chauffée par le feu de bois) et **le pain cuit dans « un four chauffé à bois » :** la sole est chauffée indirectement, soit par la combustion du bois sous la sole, soit par transmission de la chaleur par des tubes de vapeur. Seule la cuisson « au bois » est intéressante car elle se fait de manière progressive, à chaleur tombante. Les gaz de combustion imprègnent les pains et leur donnent leur saveur fumée particulière.

LA LEÇON DE PAIN D'UN PRO : ANIS BOUABSA

Les étapes de la fabrication

Le pétrissage est une étape qui fait rêver ceux qui s'imaginent alors boulangers. On se voit déjà en sculpteur travaillant la glaise. C'est sans doute la dimension la plus sensuelle et sensorielle du travail de la pâte mais c'est avant tout une étape cruciale puisqu'elle correspond au moment où le boulanger mélange tous les ingrédients de la pâte. Le gluten contenu dans la farine fixe l'eau versée dans le pétrin.

Le pétrissage se fait à la main, mais on peut très bien se servir d'un pétrin électrique à rotation lente. On peut aussi se servir d'un mixeur, mais là le résultat ne sera pas le même. Encore une fois, la réussite est affaire de coup de main et surtout d'habitude. Il faut un apprentissage pour maîtriser le pétrissage. À trop travailler la pâte, à trop la « triturer » pendant le façonnage en l'aplatissant, en la roulant, on prend le risque de l'abîmer et d'altérer à la fois son allure et son goût.

Le pointage correspond au moment où le boulanger laisse reposer une première fois la pâte dans son pétrin avant de la diviser. Cette fermentation en cuve permet la production de gaz carbonique qui fait lever la pâte et la pare de ses meilleures qualités.

L'apprêt est le second temps de repos, qui suit le façonnage des pâtons.

Ce laps de temps permet à la levure d'absorber les sucres contenus dans la pâte. Chaque pâton triple de volume pendant ce temps-là.

L'enfournement se fait à 250 °C. Au préalable, le boulanger humidifie le four en y injectant de la vapeur pour que le pain cuise sans se dessécher. Dans les fournils modernes, un système de tapis roulants dépose les pâtons dans le four. Il a remplacé les pelles en bois à long manche d'autrefois. Les pâtons continuent de gonfler au début de la cuisson.

Le défournement est une étape délicate. Le pain est très fragile lorsqu'il sort du four. Le ressuage consiste à le laisse refroidir le temps que la vapeur d'eau et le gaz carbonique qu'il contient s'en échappent.

PETIT DICTIONNAIRE DU PAIN

Les mots du pain

Seul le pain *de tradition française* a une IGP (Indication Géographique Protégée) depuis 1993. Sa composition est ainsi définie : la pâte est faite à partir d'une farine de blé contenant au maximum 2 % de farine de fève, 0,5 % de farine de soja, 0,3 % de farine de malt de blé. Les seuls ajouts autorisés sont naturels : du gluten et des amylases fongiques. Ce pain ne peut pas être surgelé. La recette comprend 100 parties de farine, 60 parties d'eau, 2 parties de sel, 1 à 2 parties de levure.

Le pain et la santé

Bonne nouvelle : le pain est finalement réhabilité après avoir été pendant des années considéré comme l'ennemi de la ligne, voire de la santé. Contrairement à ce que l'on croit parfois, le pain est assez peu calorique. Il contient un peu plus de 250 Kcal en moyenne pour 100 g, voire 230 pour le pain complet.

Quand le pain est bien fait, il est bon pour la santé. On dira même officiellement très bon pour la santé, s'il est fait avec une « farine de type 80 » et plus. À vous de le réclamer à votre boulangère ! Il est urgent pour les enfants d'apprendre à l'apprécier au petit déjeuner et au goûter. Trop sollicités par les sirènes de l'industrie agro-alimentaire, ils ont besoin de découvrir à quel point le pain peut être bon, au même titre que les fruits et légumes. L'achat d'un bon pain sera toujours moins élevé que celui des boîtes de céréales extrudées et des biscuits trop riches en sachet individuel.

Le germe de blé contient des vitamines, des minéraux, des oligoéléments et des protéines. Il contient également de bons lipides, les acides gras polyinsaturés responsables du fameux bon cholestérol qui œuvre dans la protection contre les maladies cardio-vasculaires. Les glucides contenus dans le pain sont riches en cellulose, qui joue un rôle essentiel dans le transit. Les vitamines ne sont pas en reste, notamment la vitamine A, la vitamine E et les vitamines du groupe B. Aujourd'hui les nutritionnistes préconisent, dans le cadre d'un régime alimentaire « normal », 350 g de pain par jour pour un homme et 200 g pour une femme.

Une baguette de 250 g contient :

- 2 g de lipides
- 18 g de protides
- 125 g de glucides
- 2 g de sels minéraux et vitamines
- 80 g d'eau

Ceci équivaut à environ 624 calories.

Pour l'anecdote, les Français consommaient :
900 g de pain par jour en 1900, 325 g en 1950 et 160 g en 2000.

Qu'est-ce qu'une *boulangerie* ? Depuis une loi de 1998, seul peut prétendre à l'enseigne « boulangerie » l'établissement tenu par un professionnel assurant lui-même, à partir de farines choisies, les différentes phases de la fabrication : pétrissage, façonnage de la pâte, fermentation et cuisson sur le lieu de vente du pain au consommateur final. Bien évidemment, les produits ne peuvent à aucun stade de la production ou de la vente être surgelés ou congelés.

Un pain n'est *« maison »* que s'il a été pétrit, façonné et cuit dans le lieu où il est vendu.

Quand un pain est dit *« bio »*, c'est que 95 % au moins de ses ingrédients sont issus de l'agriculture bio. En revanche un petit nombre d'additifs est autorisé (alors que le pain de tradition française n'en comprend aucun).

Par pain *« de campagne »*, on entend pain qui provient de farine de blé mélangée ou non avec de la farine de seigle selon un procédé qui évite le blanchiment de la pâte, développe une saveur acidulée et prolonge la fraîcheur grâce à un pétrissage, une fermentation et un mode de cuisson particuliers.

Le *« pain de seigle »* est issu d'un mélange de farine de seigle avec 35 % au plus de farine de blé, tandis que le « pain au seigle » doit contenir au moins 10 % de farine de seigle.

Un *« pain bis »* est confectionné avec une farine de type 80 ou 110 que l'on nomme *« bise »*.

Le *« pain complet »* ou *« pain intégral »* est préparé avec une farine de blé complète ou intégrale, obtenue soit par mouture complète du grain de blé soit après regroupement de l'intégralité des produits de la mouture.

Tous ces pains peuvent être de *« tradition française »* s'ils respectent la réglementation citée ci-dessus, s'ils ne contiennent pas d'additifs et s'ils ne sont pas surgelés.

Dans les étapes de la panification : on *pétrit* en mélangeant tous les ingrédients, puis on *rabat* la pâte en la remuant comme si on lavait du linge à la main. Suit *le pointage*, le repos de la masse favorable à la croissance et à la fermentation, avant de séparer la pâte en boules d'un poids égal qu'on laisse reposer pendant *la détente*. Ensuite, en donnant une forme précise à la pâte, on la *façonne*, avant la placer dans un endroit couvert pour qu'elle double de volume. Le *pâton* est alors prêt à être *enfourné*.

Qui est le boulanger ?

Depuis une loi de 1996, seuls les titulaires d'un CAP ou d'un BEP, d'un diplôme ou d'un titre homologué de niveau égal ou

Quel pain pour quel mets ?

Certains mariages sont classiques et fonctionnent très bien. Ainsi la saveur iodée de l'huître s'allie parfaitement bien avec le pain de seigle, et un peu moins bien avec le pain complet. Certains sont habituels mais rien n'empêche de les remettre en question. Ainsi a-t-on toujours servi la terrine de foie gras avec des toasts de pain de mie, mais on peut penser que ce mariage est un petit peu écœurant et que finalement, une simple tranche de pain au levain légèrement toastée sied parfaitement à la subtilité du foie gras, l'acidité équilibrant le gras et le sucre.

Pour le fromage, encore une fois, toutes les combinaisons sont possible. Néanmoins, il est recommandé de ne servir les pains au pavot, au sésame, au cumin, au paprika, aux oignons qu'avec des fromages frais de type brousse. Quelques exceptions cependant pour le pain au cumin qui se révèle fabuleux avec un munster, un livarot ou un vieux gouda ! En règle générale, ces pains « spéciaux » peuvent parfois heurter la complexité des fromages de caractère. Un bon pain de campagne au levain tranché assez épais va avec tous les fromages. Un comté bien affiné est merveilleux avec une baguette bien fraîche, un fromage de chèvre comme le banon de Provence se marie très bien avec une fougasse aux olives, l'ossau-iraty, délicieux fromage de brebis basque, est parfait avec du pain à la farine de maïs. Les fromages à pâte persillée, de type roquefort, fourme d'Ambert, bleu d'Auvergne, vont avec tout : baguette, pain brié, pain de mie, pain aux noix. Les pains sucrés comme les pains de seigle aux raisins ou aux abricots sont également très adaptés aux fromages à pâte persillée. On rêve en pensant à un saint-nectaire fermier bien fait avec un pain aux noix, à un délicieux mont-d'or fondant à la cuillère avec un pain aux céréales, à un pain aux lardons avec un maroilles. Et avec le chocolat ? Baguette, baguette, baguette ! Mais pas seulement : pain de maïs, pain de mie, baguette viennoise, pain de campagne au levain. En revanche, le pain de seigle et le pain complet ne font pas très bon ménage avec le chocolat.

supérieur de boulanger ont droit à ce titre. À défaut de ce diplôme, les intéressés doivent pouvoir justifier d'une expérience professionnelle de trois années effectives dans ce métier.

CONSEILS PRATIQUES

Bien conserver son pain

Le pain doit être conservé à l'abri de l'humidité dans un emplacement adapté et prévu à cet effet, ce qui est trop rarement le cas. Certains pensent que pour éviter que le pain ne se dessèche trop il faut le conserver dans un sac plastique. C'est une erreur à ne pas commettre car son seul résultat est de ramollir la croûte et de rendre le pain élastique. Le pain doit impérativement respirer. La croûte et la mie ont des saveurs particulières et très tranchées ; il est important de respecter cette différence. L'idéal serait d'avoir chez soi une boîte à pain en bois tapissée d'un linge en lin, favorisant la respiration. On peut très bien le conserver dans un sac en papier ou dans un linge humide. **À savoir** : les petits pains se conservent moins bien que les gros.

Au congélateur

Il est parfaitement envisageable de congeler n'importe quelle sorte de pain. L'essentiel est de l'emballer hermétiquement dans un plastique (une fois n'est pas coutume !).

Le bon goût du pain grillé

Certains aiment le pain grillé de façon uniforme au toaster, d'autres le préfèrent à l'unilatéral, auquel cas le gril du four est l'outil adapté.

À savoir : un pain un peu rassis donne un meilleur pain grillé qu'un pain frais, le pain de seigle et le pain aux noix ne se grillent pas. Un bon conseil : dès que le pain est prêt, il faut l'emmailloter dans une serviette en tissu. Il reste ainsi au chaud et la condensation lui fait garder son moelleux.

LES CRITÈRES POUR BIEN CHOISIR SON PAIN

Il n'y a bien entendu pas un seul bon pain et pas de méthode infaillible pour bien le choisir. Avant tout c'est une affaire de goût. On peut cependant, par défaut, énumérer les indices qui permettent d'établir qu'un pain ne vaut pas le coup !

Premier indice : le poids. Si le pain est trop léger par rapport à son volume, cela signifie que la fermentation a été beaucoup trop rapide. Ensuite si la croûte ne tient pas la route, c'est-à-dire si elle se décolle par plaques quand on appuie dessus, c'est assez mauvais signe. Enfin, mais là c'est un signe « a posteriori », si le pain rassit trop vite… Sans trop généraliser on peut tout de même dire qu'il convient que la croûte soit dorée et assez épaisse et la mie pas trop blanche. Ensuite c'est une question d'instinct, et de goût !

LES CLEFS DU BON SANDWICH

Alain Cojean est un passionné de bons produits en général et de pain particulièrement. Il a lancé il y a quelque temps une minichaîne de boutiques de restauration rapide, à Paris, de très bonne qualité et dont le succès ne s'est pas fait attendre. Il y propose toutes sortes de salades et sandwichs qui vont de très british muffins au cheddar et jambon d'York à des « wraps » faits de tortillas d'inspiration mexicaine garnis d'oignon rouge, de guacamole, de pastrami, etc. Voici ses quelques conseils pour faire un bon sandwich :

• Dans l'idéal, un sandwich doit être fait « minute », au-delà d'une heure de repos, cela commence à être trop long, le contenant fatigue un peu et le contenu devient trop humide ;

• Quand on se sert de beurre, il faut le travailler en pommade au préalable car il est assez désagréable de trouver de gros morceaux de beurre mal étalés, pris entre deux morceaux de pain ;

• Parfois un simple filet d'huile d'olive et une pincée de fleur de sel sont le meilleur assaisonnement d'un sandwich. C'est le cas par exemple d'une ciabatta que l'on farcit de tranches de mozzarella, d'un peu de roquette, de quelques tranches de tomates confites ;

• Il ne faut pas craindre les mélanges inédits, par exemple de la pomme tranchée avec un fromage frais de type brousse dans du pain noir, mais, dans ce cas, il faut s'en tenir à deux voire trois ingrédients sous peine d'un résultat écœurant.

L'ORIGINE DE LA BISCOTTE

Le mot vient de l'italien « biscotto » qui signifie bis-cuit, c'est-à-dire cuit deux fois. Pour obtenir des biscottes, il faut cuire un pain de mie dans un moule carré, puis le laisser rassir près de 48 heures. Ensuite on détaille le pain en tranches d'un centimètre d'épaisseur (à moins le pain risque de s'effriter) que l'on grille au four à 210 °C pendant 15 minutes au maximum. Il est impératif de surveiller la cuisson de la biscotte car une minute d'inattention suffit à la carbonise.

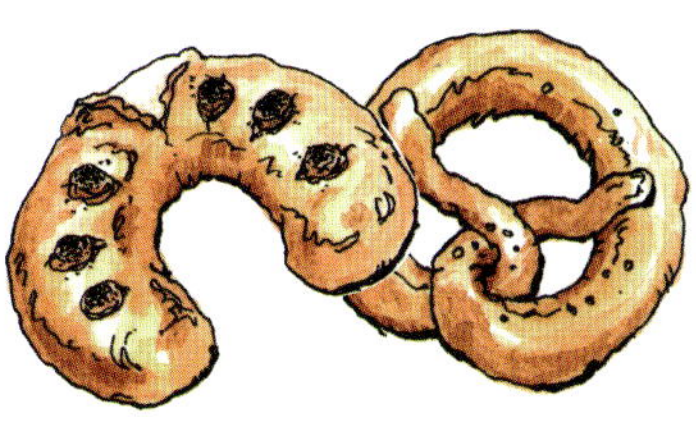

Le pain à toute heure

Pains du matin :

Les muffins sont un régal au petit déjeuner, servis beurrés, avec un peu de fromage râpé, des œufs et du bacon. De manière générale, les traditions anglo-saxonnes ont du bon le matin ! L'oat bread écossais se laisse déguster avec du beurre demi-sel, de la confiture de framboises ou de la vraie marmelade amère. Le banana bread cher aux Américains se suffit à lui-même quand il est légèrement beurré. Enduit de pâte à tartiner au chocolat ou de miel, il devient un régal pour le goûter. Et bien sûr un morceau de baguette grillé, une belle tranche de pain de campagne au levain…

Pains du déjeuner :

À l'heure du repas, le pain dont on a envie ne doit pas être trop sucré. Ceci étant dit, le choix est vaste. Parmi les pains qui sortent de l'ordinaire et qui se prêtent à peu près à toutes les recettes, citons le pain malté irlandais, le corn bread américain, qui est un peu plus doux et sucré que la méture du pays basque, se prêtant fort bien au foie gras par exemple, le pain au thé qui est délicieux avec des saveurs un peu épicées ou grillées.

Pains du goûter :

Sucré ou salé, le goûter rime avec douceur et réconfort. Que l'on aime les scones nature ou aux raisins, beurrés et/ou tartinés de confiture, le pain perdu avec ou sans cannelle, les pancakes avec du sirop d'érable ou de la confiture de myrtilles, le pain d'épices légèrement beurré et, pourquoi pas, recouvert d'une fine tranche de cheddar, les petits pains au fromage blanc tartinés de fromage frais… l'important est de se faire plaisir !

Des tartines différentes : idées gourmandes à partir du pain

Pumpernickel (pain noir alsacien) à l'anguille fumée :

Beurrer légèrement la tranche de pain, recouvrir d'une fine couche de raifort (en pots dans les épiceries fines) et ajouter de fines lamelles de filets d'anguille fumée. Soit on croque, soit on sert avec une salade bien vinaigrée.

Pain de maïs à l'ossau-iraty :

Au Pays basque, on appelle ce pain la méture. Toaster très légèrement la tranche de pain. La tartiner de pâte de coing (le membrillo des Espagnols), couvrir d'un morceau de fromage de brebis (l'idéal étant l'ossau-iraty basque).

Crumpet au jambon et cheddar :

Les crumpets sont ces petits pains à petits trous, typiquement anglais, ronds et plats. Étaler de la sauce HP (on la trouve en pots en verre dans les rayons « étrangers » de certaines grandes surfaces) en fine couche. Ajouter une petite tranche de jambon blanc fumé et quelques fines lamelles de cheddar. On peut éventuellement passer cette tartine, pour la rendre fondante, un bref instant sous le gril du four.

PBS : peanut butter sandwich :

Chaque famille américaine a sa recette personnelle de peanut butter sandwich qui, souvent, mélange beurre de cacahouète et confiture !

Tartiner la tranche de pain de mie (blanc, complet ou aux céréales selon les goûts) de beurre de cacahouète. Disposer un morceau de bacon préalablement cuit à la poêle antiadhésive jusqu'à ce qu'il soit devenu croustillant. Recouvrir de deux tranches de concombre finement détaillées.

Pain aux figues au foie gras :

Couper une belle tranche dans un pain aux figues. La passer sous le gril du four d'un côté. Lorsqu'elle est dorée, la recouvrir (côté non grillé) d'une tranche de foie gras. Saler à la fleur de sel, donner un tour de moulin à poivre et passer deux minutes sous le gril du four.

Pain aux noix, poires et gorgonzola :

Ne surtout pas toaster le pain aux noix ! Étaler le gorgonzola sur une tranche de pain aux noix, ajouter quelques tranches très fines d'une belle poire bien mûre.

Idées gourmandes

Le pain en recettes

BAGUETTE

500 g de farine de type 55
15 g de levure boulangère
1 cuillerée à café de sel
2,5 dl d'eau tiède

Émietter la levure puis la mélanger à l'eau tiède et à 100 g de farine. Couvrir d'un torchon et laisser lever une nuit. Faire un puits avec le reste de farine et mettre au centre la pâte levée, le sel et l'eau tiède pour former une pâte molle et souple.

Pétrir pendant une dizaine de minutes puis couvrir la pâte et laisser reposer 1 heure.

La pâte doit avoir doublé de volume : il faut alors la « dégonfler » en la repliant sur elle-même et en la pétrissant.

Partager la pâte en 3 ou 4 morceaux et façonner un rouleau puis une baguette.

Faire des incisions transversales, disposer sur la plaque du four et laisser reposer pendant une vingtaine de minutes.

Préchauffer le four à 240 °C (th. 8), puis baisser à 200 °C (th. 7). Enfourner avec un bol rempli d'eau pour créer de la buée (nécessaire à la formation d'une bonne croûte) et laisser cuire 25 minutes environ.

PAIN DE CAMPAGNE

Pour 4 personnes

500 g de farine de type 45 ou 55
20 g de levure boulangère fraîche
10 g de sel
3 dl d'eau tiède

Verser la moitié de l'eau dans un bol. Ajouter la levure émiettée et 100 g de farine. Pétrir jusqu'à obtenir une pâte molle et élastique. La couvrir et laisser lever toute une nuit.

Faire un puits avec le reste de la farine, y incorporer la pâte de la veille puis le sel et l'eau nécessaire pour obtenir une pâte souple et élastique. Pétrir pendant une dizaine de minutes. Couvrir avec un torchon et laisser lever au chaud (température idéale : 24 °C) pendant 1 heure. La pâte doit avoir doublé de volume. Il faut la « dégonfler » en l'écrasant et en la pliant. Pétrir pendant 5 à 10 minutes.

Former 2 pains allongés et les disposer sur la plaque du four.

Laisser reposer pendant une demi-heure, faire une incision en croix et saupoudrer légèrement de farine.

Préchauffer le four à 200 °C (th. 7) puis enfourner et laisser cuire 40 minutes à 190 °C (th. 6), avec un bol rempli d'eau.

PAIN COMPLET AU LEVAIN

Préparation : 45 minutes
Cuisson : 30 minutes

Une semaine de consommation pour 4 personnes

1,5 kg de farine de type 150, complète, issue de blé de culture biologique
3/4 l d'eau pure
1 cuillerée à soupe de sel marin non raffiné
Le levain préparé à l'avance

Mélanger les trois premiers ingrédients, puis introduire le levain qui est mou, acide et boursouflé après 3 jours de repos. Malaxer, mélanger, pétrir lentement pendant au moins 15 minutes, en étirant et repliant la pâte dans tous les sens. Prélever une boule de pâte et la mettre de côté pour le levain de votre prochain pain. Laisser reposer la pâte 24 heures.

Confectionner 4 pains et inciser la surface de la pâte à l'aide d'une lame de rasoir. Enfournez à four chaud pour une demi-heure de cuisson environ (plonger un couteau, si le pain est cuit, il doit ressortir sans trace de pâte).

Attendre quelques heures avant de servir le pain.

LEVAIN MAISON

Préparation : 15 minutes (5 jours avant de faire le pain)

2 tasses de farine bio
1 cuillerée à soupe d'huile
1 cuillerée à soupe de miel
Un peu d'eau

Pétrir jusqu'à ce que la pâte n'adhère plus aux doigts. Laisser reposer 3 jours dans un bol et à 20 °C environ. Pétrir de nouveau avec un peu de farine et laisser fermenter 2 jours de plus. Le levain est prêt.

PAIN DE MIE

Pour 4 personnes

500 g de farine type 55
20 g de levure de boulangerie
15 g de sel fin
15 g de sucre en poudre
50 g de beurre ramolli
1/4 l de lait
1/2 tasse d'eau tiède

Dans une tasse, délayer la levure dans un peu d'eau tiède.

Mettre la farine sur le plan de travail et former un puits. Y verser le mélange levure/eau, le sel, le sucre et le beurre. Malaxer le tout et ajouter le lait progressivement, jusqu'à ce que la pâte forme une boule qui doit être élastique mais pas collante.

Pétrir la pâte puis la recouvrir d'un linge.

Laisser reposer dans une pièce entre 18 et 20 °C, pendant environ 3 heures.

Recommencer le pétrissage sur un plan fariné. Mettre la pâte à pain dans un moule à cake rectangulaire antiadhésif. Couvrir le moule avec une planche pendant une demi-heure. Préchauffer le four à 210 °C (th. 7). Enfourner (sans la planche). Laisser cuire pendant 40 minutes.

FOUGASSE

Pour 2 grandes fougasses

700 g de farine
2 cuillerées à café de sel
20 g de levure boulangère
2 dl d'eau chaude
3 œufs

Délayer la levure avec un peu d'eau.

Ajouter la levure à la farine, puis les autres ingrédients, et pétrir jusqu'à ce que la pâte soit bien molle. La laisser reposer pendant 3 heures, recouverte d'un linge. La pâte doit doubler de volume. Procéder à une deuxième levée au frais pendant toute une nuit.

Préchauffer le four à 180 °C (th. 6). Préparer deux pâtons, étaler grossièrement et faire des « découpes » dans la pâte. Enfourner à four chaud. Laisser cuire pendant 1 heure avec un bol rempli d'eau.

PAIN DE SEIGLE

Levain :

350 g de farine de seigle
5 g de levure boulangère fraîche
2 cuillerées à soupe de yaourt
1 cuillerée à soupe de sucre
3 dl d'eau tiède

Pâte :

300 g de farine de seigle
150 g de farine d'épeautre
7 g de levure de bière
4 cuillerées à soupe d'huile d'olive
50 g de miel
2 pincées de sel
2 dl d'eau tiède
3 cuillerées à café de graines de cumin

Préparer le levain : mélanger la levure émiettée, le yaourt, le sucre, la farine et l'eau. Laisser lever au chaud, idéalement à 24 °C, pendant toute une nuit (ou davantage pour un goût plus prononcé).

Dans un saladier, verser les deux farines en fontaine et creuser un puits dans lequel seront ajoutés le levain, le miel, le cumin, le sel, la levure de bière, l'eau et l'huile d'olive. Mélanger.

Pétrir pendant une dizaine de minutes pour obtenir une pâte ferme et lisse. Couvrir et laisser lever pendant 2 heures.

Faire « dégonfler » la pâte en la pétrissant brièvement. La partager en 2 pâtons de la forme souhaitée. Les placer sur la plaque du four, faire deux incisions longitudinales. Laisser lever encore 1 heure.

Préchauffer le four à 220 °C (th. 8). Enfourner avec un bol rempli d'eau et faire cuire pendant 40 minutes, en baissant la température à 180 °C (th. 6) après 15 minutes.

LE CORN BREAD DES ÉTATS-UNIS
pain au maïs

Temps de préparation : 15 minutes
Temps de cuisson : 40 minutes

Pour 6 à 8 personnes

225 g de farine
225 g de semoule de maïs
1 sachet de levure boulangère (15 g)
1 cuillerée à café de sel
4 cuillerées à café de sucre
2 œufs
1/3 l de lait
30 g de beurre fondu

Préchauffer le four à 175 °C (th. 6). Mélanger les ingrédients secs.

Battre les œufs rapidement et les incorporer aux ingrédients secs avec le lait et le beurre fondu.

Verser le mélange dans un moule à cake beurré. Faire cuire 35 à 40 minutes.

BOLO DO CACO
pain aux patates douces des Açores

Temps de préparation : 15 minutes
Temps de cuisson: jusqu'à ce que les pains soient dorés

Pour 4 pains

4 kg de patates douces
1 kg de farine
25 g de levure de boulangerie
Eau
Sel

Peler les patates douces, les cuire à l'eau bouillante salée jusqu'à ce qu'elles soient moelleuses (une demi-heure). Laisser refroidir et réserver.

Délayer la levure dans un peu d'eau à température ambiante. Mélanger la levure, la farine, les patates douces écrasées et une pincée de sel. Verser un peu d'eau et travailler la pâte. Laisser reposer sous un linge humide pendant 45 minutes.

Pétrir la pâte, la diviser en 4 morceaux et en faire 4 boules. Disposer chacune des boules dans un moule et laisser reposer encore 45 minutes. Préchauffer le four puis enfourner à 180 °C (th. 6). Laisser cuire jusqu'à ce que les pains soient dorés. Les retourner afin de les faire cuire de l'autre côté.

CHAPATI
la galette indienne

Le chapati est fait avec de la farine de blé, sauf dans le Madhya Pradesh où la farine de maïs est utilisée.

Temps de préparation : 30 minutes
Temps de cuisson : quelques minutes

Pour 12 chapatis

150 g de farine de blé
65 ml d'eau tiède
2 cuillerées à café de ghee (beurre clarifié) ou d'huile

Mélanger la farine et l'eau pour obtenir une pâte. Ajouter le ghee ou l'huile et pétrir jusqu'à obtenir une pâte souple. Couvrir avec un linge humide et laisser reposer pendant 1 heure. Une fois la pâte levée, la diviser en 12 morceaux. Fariner le plan de travail, travailler chaque boule de pâte en la passant au rouleau pour obtenir un disque de 4 centimètres de diamètre.

Faire cuire les chapatis un par un dans une poêle à fond épais à feu vif et les retourner quand la pâte commence à brunir. Aplatir les bords à l'aide d'une spatule afin d'éviter qu'ils ne gondolent. Servir tiède.

NAAN
le pain indien

Bien connu en Europe, ce pain levé est originaire du Pendjab.

Temps de préparation : 15 minutes
Temps de cuisson : 8 minutes

Pour 8 personnes

600 g de farine blanche
125 ml de yaourt
1 œuf battu
1 sachet de levure de boulangerie
5 cuillerées à soupe d'eau tiède
5 cuillerées à café de ghee
(beurre clarifié) ou d'huile
2 pincées de sucre
1 pincée de sel

Délayer la levure et le sucre dans l'eau tiède, ajouter l'œuf battu et le yaourt. Mettre la farine et le sel dans une terrine, creuser un puits, y verser le mélange. Travailler délicatement puis ajouter le ghee ou l'huile. Pétrir pendant un bon quart d'heure. Laisser reposer et préchauffer le four à 180 °C (th. 6).

Une fois la température atteinte, enfourner et attendre 5 minutes.

Faire chauffer la poêle, y faire fondre un tout petit peu de beurre, puis y déposer le naan et le retourner toutes les 10 secondes jusqu'à obtention d'une légère dorure.

Astuce : vous pouvez glisser une portion de Vache qui rit® ou un morceau de gruyère dans le naan avant de le passer à la poêle.

FARINATA
la galette de pois chiche italienne

Spécialité de la Ligurie, cette recette se retrouve à Nice sous le nom de socca et à Menton sous celui de picha.

Temps de préparation : 15 minutes
Temps de cuisson : quelques minutes

Pour 6 personnes

450 g de farine de pois chiche
3 cuillerées à soupe d'huile d'olive
1 cuillerée à soupe de sel
1/4 l d'eau froide

Délayer la farine dans l'eau quelques heures à l'avance. Ajouter par la suite l'huile d'olive et le sel. Battre au fouet jusqu'à obtenir une pâte à crêpes. Laisser reposer.

Préchauffer le four à la température maximale.

Huiler la lèchefrite du four et y verser la pâte sur 5 millimètres d'épaisseur (le double pour une socca niçoise). Saupoudrer de romarin puis enfourner. Cuire jusqu'à ce que les bords commencent à dorer.

LE BRETZEL ALLEMAND

Temps de préparation : 20 minutes
Temps de cuisson : 10 à 15 minutes

300 g de farine
2 dl d'eau tiède
2 blancs d'œufs
65 g de bicarbonate de soude
15 g de levure sèche de boulangerie
1 pincée de gros sel ou de sel de mer
1 pincée de cumin

Travailler fermement la pâte avec la farine, l'eau tiède et la levure. Laisser lever la pâte en la recouvrant d'un linge, jusqu'à ce qu'elle ait doublé de volume.

Former des rubans de pâte et confectionner des bretzels en forme de nœuds.

Les plonger par deux dans l'eau bouillante additionnée de bicarbonate de soude. Lorsqu'ils remontent à la surface, les égoutter et les disposer sur la plaque du four préalablement huilée. Badigeonner de blanc d'œuf et saupoudrer de gros sel et de cumin. Faire bien dorer au four.

LA CIABATTA ITALIENNE

Temps de préparation : 30 minutes
Temps de cuisson : 30 minutes

Pour 2 pains

500 g de farine blanche de blé dur
40 cl d'eau
30 g de levure boulangère
1 cuillerée à soupe de sel
5 cl d'huile d'olive

Dans une terrine, verser 300 g de farine, 20 cl d'eau et la levure. Battre au fouet pendant 5 minutes, puis laisser la pâte fermenter 4 heures.

Ajouter le reste de farine et d'eau, le sel et l'huile d'olive. Battre les ingrédients vigoureusement pendant 5 minutes puis laisser reposer 2 heures dans la terrine.

Déposer la pâte sur une surface légèrement farinée et la partager en deux. Étirer chaque morceau de pâte de façon à former des pains de 20 centimètres de long environ, les transférer sur une plaque et laisser reposer une heure.

Préchauffer le four à 200 °C (th. 7). Fariner les pains et les faire cuire pendant une demi-heure environ, jusqu'à ce qu'ils soient dorés.

LA FOCCACIA GÉNOISE

Temps de préparation : 35 minutes
Temps de cuisson : quelques minutes

500 g de farine
20 g de levure de boulangerie
3 cuillerées à soupe d'huile d'olive
3 dl d'eau
Sel
Sucre

Délayer la levure dans un peu d'eau et laisser reposer une demi-heure. Ajouter la levure à la farine puis mélanger avec le reste des ingrédients. Pétrir jusqu'à obtention d'une pâte molle. La laisser lever au moins 2 heures, recouverte d'un linge. Elle va doubler de volume.

L'étaler ensuite sur la plaque du four préalablement huilée. Faire des empreintes avec les doigts de manière à créer un relief sur la pâte, puis laisser lever encore pendant une vingtaine de minutes. Préchauffer le four à 200 °C (th. 7).

Mélanger 2 cuillerées à soupe d'huile d'olive avec 2 cuillerées à soupe d'eau. Arroser la pâte avec ce mélange. Enfourner et faire cuire jusqu'à coloration. Parsemer la foccacia de fleur de sel.

PAINS À LA VAPEUR CHINOIS

Temps de préparation : 30 minutes
Temps de cuisson : 13 minutes

Pour 4 personnes

Pour la pâte à pain :
500 g de farine
1 sachet de levure boulangère
30 cl d'eau tiède
1 pincée de sel

Pour la farce :
400 g de viande de bœuf hachée
1 poignée de persil
1 oignon émincé
1 gousse d'ail
3 cuillerées à café de sauce soja
1 pincée de curry

Délayer la levure dans l'eau. Laisser reposer 10 minutes.

Mettre la farine dans un saladier, creuser un puits. Y verser le mélange d'eau et de levure puis pétrir jusqu'à obtenir une pâte élastique. Laisser reposer la pâte recouverte d'un torchon pendant 1 heure.

Préparer la farce : faire revenir l'oignon et l'ail à l'huile très chaude dans une sauteuse. Ajouter la viande hachée et laisser cuire 10 minutes. À la fin de la cuisson, ajouter la sauce soja et le curry, puis laisser refroidir.

Façonner la pâte à la manière d'une saucisse. Détailler des morceaux assez gros et les aplatir en cercles avec la paume de la main.

Déposer un peu de farce au centre de chaque rond, relever les bords de la pâte puis pincer pour refermer. Déposer ces petits pains dans un panier vapeur de cocotte-minute, préalablement tapissé de papier sulfurisé. Faire cuire environ 10 minutes. Servir très chaud.

LES PITA GRECQUES ET LIBANAISES

Temps de préparation : 10 minutes
Temps de cuisson : 5 minutes

1 kg de farine
1 cube de levure boulangère
2 cuillerées à soupe de sel
1 cuillerée à soupe de sucre
3 verres d'eau

Délayer la levure dans un peu d'eau tiède. Mélanger avec soin tous les ingrédients. La pâte ne doit être ni trop fluide, ni trop épaisse. Laisser reposer 1 heure sous un linge humide, jusqu'à ce qu'elle double de volume.

Faire des petites boules puis les laisser reposer une demi-heure sous un linge humide.

Étaler au rouleau de façon à obtenir des disques de 2 millimètres d'épaisseur. Laisser de nouveau reposer 20 minutes.

Enfourner dans un four préchauffé à 250 °C (th. 8-9) pour 5 minutes.

TSOUREKI
le pain de la Pâque grecque

Temps de préparation : 20 minutes
Temps de cuisson : 10 minutes et 45 minutes

Pour une miche

450 g de farine blanche
175 ml de lait tiède
20 g de levure de boulangerie
140 ml de lait chaud
1 cuillerée à café de quatre-épices
1/2 cuillerée à café de sel
1/2 cuillerée à café de cannelle
1/2 cuillerée à café de graines de carvi
50 g de beurre
40 g de sucre
2 œufs
1 cuillerée à soupe d'eau
1 cuillerée à soupe de miel liquide
1 jaune d'œuf
Amandes effilées

Œufs rouges :

3 œufs
Colorant rouge
1 cuillerée à soupe de vinaigre blanc
1 cuillerée à café d'huile d'olive
1 cuillerée à café d'eau

Préparation des œufs : cuire les œufs durs (10 minutes à l'eau bouillante) puis les laisser refroidir. Dans un petit bol, diluer le colorant dans l'eau chaude et le vinaigre, tremper chaque œuf dans le colorant, le déposer sur un rack (égouttoir) et laisser sécher. Huiler un papier absorbant et le passer sur chacun des œufs.

Préparation du pain : mélanger la farine, les épices et le sel dans un bol. Dans un autre bol, délayer la levure dans le lait chaud. Dans un troisième récipient, mélanger le beurre et le sucre puis incorporer les œufs. Travailler au fouet.

Verser doucement la levure et le mélange de beurre au centre de la farine en incorporant peu à peu la farine. Déposer la pâte sur un plan de travail fariné et pétrir environ 10 minutes, jusqu'à ce que la pâte soit souple et élastique. Disposer dans un bol légèrement huilé ; recouvrir d'un linge et laisser lever au double de son volume, soit environ 2 heures.

Pétrir à nouveau brièvement, couvrir la pâte et laisser encore doubler de volume, environ 1 heure.

Pétrir et diviser la pâte en 3 boules. Rouler chacune pour obtenir une bande de 30 à 50 centimètres de long, puis tresser ensemble les 3 bandes ; replier à chaque extrémité pour obtenir un bout bien rond. Déposer les 3 œufs rouges sur la pâte en pressant un peu, couvrir et laisser encore reposer 1 heure.

Battre le jaune d'œuf avec le miel et l'eau, badigeonner le pain de ce mélange à l'aide d'un pinceau et parsemer d'amandes effilées. Enfourner à 190 °C (th. 6-7) pour 45 minutes, dans un four préalablement préchauffé.

LES MOUNA AU LAIT D'AFRIQUE DU NORD

Temps de préparation : 15 minutes la veille
Temps de cuisson : 40 minutes

2,5 kg de farine + 500 g pour le levain
100 g de levure boulangère
8 œufs
125 g de beurre
2 verres d'huile
600 g de sucre
Zeste et jus de 2 à 3 oranges
Zeste d'1 citron
2 bols d'eau d'anis (faire infuser de l'anis dans 2 bols d'eau)

Délayer la levure dans un peu d'eau tiède et 500 g de farine.

Laisser monter 1 heure.

Pour la pâte : faire une fontaine avec la farine, ajouter les œufs, le beurre, l'huile, le sucre, l'eau d'anis, le jus d'orange et les zestes. Mélanger et incorporer le levain. Travailler fermement la pâte. Couvrir d'un linge humide et laisser lever pendant la nuit.

Confectionner des boules (5 à 6 pour 2,5 kg de farine) et les laisser monter à nouveau pendant 1 heure. Entailler en forme de croix. Dorer au jaune d'œuf et saupoudrer de sucre glace.

Mettre à cuire à four chaud à 200 °C (th. 7) pendant 40 minutes.

Vérifier la cuisson avec la pointe d'un couteau.

LES TUNNBRÖD SUÉDOIS

Temps de préparation : 35 minutes
Temps de cuisson : 1 à 2 minutes

1/2 l de lait
12 g de levure boulangère
1/2 cuillerée à café de hjorthornssalt
(se trouve en épicerie suédoise ou biologique)
50 g de margarine
40 g de sucre semoule
1 à 2 cuillerées à soupe de mélasse
100 g de farine complète
130 g de ragmjöl (farine grise)
420 g de vetmjöl (farine de blé)

Faire un levain en délayant la levure dans le lait puis laisser reposer. Mélanger les différents ingrédients et laisser lever 3 ou 4 heures.

Travailler la pâte ainsi obtenue avec de la farine en faisant des boules d'assez petite taille.

Les aplatir et les travailler à l'aide d'un rouleau à pâtisserie jusqu'à obtenir des crêpes très fines.

Les piquer avec une fourchette, puis cuire au four sur une plaque ou à la poêle antiadhésive très chaude, sans matière grasse.

WELSH RAREBIT

Temps de préparation : 5 minutes
Temps de cuisson : 15 minutes

Pour 4 personnes

4 tranches de pain de mie
100 g de beurre ou de saindoux
10 cl de bière blonde
250 g de fromage de cheddar
2 cuillerées à café de moutarde de Dijon
Poivre du moulin

Faire chauffer la bière dans une casserole, ajouter le fromage détaillé en cubes. Mélanger délicatement à l'aide d'une spatule, puis sortir du feu, ajouter la moutarde et un tour de moulin à poivre.

Disposer chaque tranche de pain dans un ramequin, napper de la préparation ainsi obtenue et passer rapidement au four à 180 °C (th. 6), en terminant par quelques secondes de gril.

SCONES

Temps de préparation : 15 minutes
Temps de cuisson : 10 minutes

Pour 4 personnes

240 g de farine complète
20 g de levure chimique
4 cuillerées à soupe de margarine
2 cuillerées à soupe de miel liquide
20 cl de lait écrémé

Préchauffer le four à 230 °C (th. 8). Mélanger la farine et la levure. Ajouter la margarine puis le miel, et enfin le lait. La pâte doit être molle. L'étaler sur une surface légèrement farinée et la travailler jusqu'à ce qu'elle fasse 1 centimètre d'épaisseur. Détacher à l'aide d'un emporte-pièce des cercles de 5 centimètres de diamètre.

Les disposer sur la plaque du four recouverte d'une feuille de papier sulfurisé. Badigeonner les scones d'un peu de lait et faire cuire au four pendant 10 minutes.

Servir tiède avec du beurre demi-sel, de la confiture de fraise ou autre, et du « clotted cream » (qu'on ne trouve hélas que dans les épiceries anglaises).

PAIN AU CITRON

Temps de préparation : 20 minutes
Temps de cuisson : 50 minutes

Pour 6 personnes

300 g de farine de type 55
1 sachet de levure chimique
100 g de beurre ramolli
30 g de sucre
Le jus d'1 citron non traité
Le zeste d'1 citron non traité
2 œufs
1 pincée de sel

Mélanger la farine et la levure, passer au tamis.

Travailler le beurre en pommade et le sucre, puis incorporer les œufs. Ajouter le jus et le zeste du citron, puis le sel. Verser la farine, fouetter au batteur électrique jusqu'à obtenir une pâte bien lisse.

Préchauffer le four à 200 °C (th. 7). Verser la pâte dans un moule à cake beurré et faire cuire 10 minutes, puis baisser le thermostat à 150 °C (th. 5) et laisser cuire pendant 40 minutes.

Vérifier la cuisson à l'aide d'un couteau : si sa pointe ressort propre, le pain est cuit. Laisser refroidir.

PETITS PAINS AU LAIT

Temps de préparation : 20 minutes
Temps de cuisson : 15 minutes

Pour 12 pains

250 g de farine de type 45
100 g de beurre
1 sachet de levure sèche
20 cl de lait
1 œuf entier + 1 jaune
10 g de sucre en poudre
1 cuillerée à café de sel

Délayer la levure dans un peu de lait tiède. Laisser reposer.

Faire chauffer le reste du lait. Couper le feu avant ébullition et verser le lait chaud dans une terrine. Y faire fondre le beurre avec le sucre, laisser tiédir et ajouter l'œuf entier. Incorporer la farine et travailler le mélange au batteur. Couvrir et laisser lever pendant 2 heures, le temps que la pâte double de volume.

Pétrir la pâte sur un plan de travail fariné pendant quelques minutes. Façonner 12 petits boudins, les disposer sur la plaque du four préalablement beurrée. Couvrir avec un torchon humide et laisser lever pendant 1 heure.

Préchauffer le four à 200 °C (th. 7). À l'aide d'un pinceau, badigeonner les petits pains de jaune d'œuf battu avec un peu d'eau. Enfourner pour 15 minutes.

PAIN D'ÉPICES

Préparation : 20 minutes
Cuisson : 45 à 60 minutes

Pour 8 personnes

2 verres de farine de blé intégrale
2 verres de farine de sarrasin
250 g de miel
1 pincée de sel
1 sachet de levure
1 verre de lait
1 verre d'huile d'olive

Épices : 1 clou de girofle, 1/2 cuillerée à café de cannelle, autant de cardamome et d'anis vert (selon les goûts, remplacer ou compléter avec de la noix de muscade, un zeste de citron, des amandes effilées, de l'anis, du gingembre confit…)

Faire chauffer le lait. Si les épices sont en graines, les laisser infuser dans le lait à feu doux. Puis les retirer avant le mélange.

Si votre miel est solide, le faire chauffer avec le lait pour le mélanger plus facilement.

Préchauffer le four à 160 °C (th. 4-5).

Dans un saladier, verser d'abord l'huile et le lait, puis les autres ingrédients : le miel (liquide ou crémeux), les épices (si elles sont en poudre), enfin la farine et la levure. La pâte doit être homogène et assez liquide. La verser dans un moule à cake.

La cuisson se fait à four doux 160 °C (th 4-5) pendant 3/4 d'heure environ. Penser à couvrir le pain d'épices en cours de cuisson s'il menace de noircir et piquer au couteau pour vérifier la cuisson.

À déguster de préférence un ou deux jours après.

PAIN AU SAFRAN

Préparation : 20 minutes
Cuisson : entre 5 et 15 minutes

Pour 8 personnes

Environ 0,5 g de safran
2 tasses de lait
6 tasses de farine
3 sachets de levure boulangère
1 tasse de beurre
1 œuf
1 pincée de sel
1/2 tasse de raisins secs
1 tasse et demie de sucre

Garniture :
1 œuf battu
Sucre brun
Amandes effilées et raisins secs

Dans un saladier, verser la farine, mélanger avec la levure, le sel et le sucre. Creuser un puits, y mettre l'œuf après l'avoir cassé.

Faire fondre le beurre à feu doux dans une casserole. Y ajouter le lait, le safran, verser un peu de ce mélange dans le puits. Mélanger avec la farine en partant du milieu. Continuer à mélanger en partant du milieu et rajouter le liquide progressivement.

Pétrir à la main pour finir. Laisser reposer et monter dans un endroit chaud. Préchauffer le four à 200 °C.

Pétrir de nouveau. Diviser en morceaux et façonner selon son envie. Badigeonner avec de l'œuf battu et saupoudrer de sucre glace, d'amandes et de raisins.

Mettre sur une plaque farinée et faire cuire : 5 à 7 minutes à 200 °C si la forme est petite, 13 à 15 minutes à 180 °C si elle est plus grosse.

Carnet pratique

LES BONNES ADRESSES DU PAIN

En Gironde
Pain Maître, 25, rue Camille-Sauvageau,
33800 Bordeaux. Tél. : 05 56 92 28 64
Pains au levain naturel cuits au feu de bois, confectionnés avec de l'eau de source, du sel marin non raffiné et des farines provenant de l'agriculture biologique.

Dans le Haut-Rhin
Maison Hemstetter, 11-13, rue des Serruriers,
68000 Colmar. Tél. : 03 89 41 27 78
Une vingtaine de pains traditionnels avec une prédilection pour les pains alsaciens. Essayer absolument les bretzels, le kugelhopf et les bredlais (au moment de Noël).

Dans le Finistère
La Maison du Boulanger, 3, rue des Marchands,
29870 Lannilis. Tél. : 02 98 04 48 05
Excellent pain bio cuit au feu de bois de très longue conservation. Également des pains au blé noir et au seigle noir.

Dans les Pyrénées-Atlantiques
Le Moulin de Bassilour, quartier Bassilour,
64120 Bidart. Tél. : 05 59 41 94 49
Un très beau moulin qui propose des spécialités basques comme la méture – le pain à la farine de maïs – mais aussi de délicieux gâteaux.

Dans le Vaucluse
Le Fournil de Mérindol, 12, rue Relarguier,
84360 Mérindol. Tél. : 04 90 72 96 04
Pour la fougasse aux olives.

En Dordogne
Boulangerie Bibliothèque, Le Bourg,
24430 Coursac. Tél. : 05 53 08 59 72
Comme son nom l'indique, une bibliothèque et boulangerie deux en une ! On regarde le boulanger faire son pain tout en feuilletant un livre consacré au pain… ou à autre chose.

Dans les Bouches-du-Rhône
Maison Michel, 33, rue Vacon,
13001 Marseille. Tél. : 04 91 33 79 43
Pour le pain marseillais au levain naturel, les pains bio complets, le pain d'épeautre et les délicieuses navettes à la fleur d'oranger.

Dans les Alpes-Maritimes
Espuno, 35, rue Droite, 06300 Nice.
Tél. : 04 93 80 50 67
Une cuisson au feu de bois dans un lieu mythique qui propose 32 spécialités de maître dont la fougasse au roquefort.

À Paris
Julien, 75, rue St-Honoré, Ier. arr.
Tél. : 01 42 36 24 83
Le roi de la baguette et de ses championnats.

Kayser, 8, rue Monge, Ve. arr.
Tél. : 01 44 07 01 42
Un virtuose présent du Japon au Cap-Vert.

Dominique Saibron, Le boulanger de Monge,
123, rue Monge, Ve. arr.
Tél. : 01 43 37 54 20

Une gamme de pains bio sans additifs pour les puristes qui ont un fond gourmand.

Poilâne, 8, rue du Cherche-Midi, VIe. arr.
Tél. : 01 45 48 42 59
Une adresse toujours indispensable, pour la miche, les petits pains de seigle aux raisins et les punitions, les délicieux petits sablés de la maison.

Moisan, 5, place d'ALigre, XIIe. arr.
Tél. : 01 43 45 46 60
Du pain bio plaisir et toujours le sourire.

Le Stübli, 11, rue Poncelet, XVIIe. arr.
Tél. : 01 48 88 98 07
Pour les pains allemands de type vollkornbrot.

Au Duc de la Chapelle, 28, rue Tristan-Tzara, XVIIIe. arr. Tél. : 01 40 38 18 98.
Anis Bouabsa a repris cette boulangerie au printemps 2005. Tout est bon : le pain de campagne, le pain aux noix, le pain au kilo, la baguette aux céréales…

Au Levain d'Antan, 6, rue des Abbesses,. XVIIIe. arr
Tél. : 01 42 64 97 83
Pour la baguette et la fabuleuse galette des rois.

En Touraine

Le Vieux-Four à Tours. Tél. : 02 47 66 62 33
Des cours et des visites avec dégustation chez Jacques Mahou, membre de l'Institut français du Goût, un boulanger de la dixième génération, bio de la première heure, dans un décor extraordinaire. http://www.auvieuxfour-mahou.com

Dans les Alpes

Le Refuge du Boulanger, 22, rue de la Petite-Taverne, 74120 Praz sur Arli.
Tél. : 04 50 93 26 12
Rémy Coste, meilleur ouvrier de France et ancien de chez Kayser propose aux skieurs ses merveilles, présentes sur la table du grand chef Marc Veyrat.

Dans le Tarn

L'épi d'Or, Le Roc, 47130 Port-Ste-Marie.
Tél. : 05 63 41 72 86
Du pain fait avec le blé cultivé sur place chez les Berthellot, parmi les premiers à avoir créé un conservatoire de variétés anciennes.

Dans l'Essonne

Pains de Pierre, à Lardy (91). Tél. : 01 39 56 68 53
Un des pionniers de la boulangerie bio qui propose au fournil toute une gamme concoctée avec les farines Demeter.

Pour connaître la boutique la plus proche des grandes marques collectives

http://www.banette.fr
http://www.retrodor.com
http://www.lafinepi.fr
http://rondedespains.com
Baguette Label Rouge, Club Le Boulanger : service consommateurs. Tél. : 01 42 68 34 10

OÙ TROUVER LES INGRÉDIENTS

Dans toutes les grandes surfaces, chez les spécialistes et dans le réseau des épiceries fines et des boutiques bio (Biocoop, Naturalia, Les Nouveaux

Robinson...) S'il faut peu de matériel, la liste des ingrédients possibles pour les pains fantaisie est aussi longue qu'un jour sans pain...

Chez Detou, 58, rue Tiquetone, 75002 Paris.
Tél : 01 42 36 54 67
Une vraie caverne d'Ali Baba pour dénicher ses farines mais aussi les pralines du pain de Valence, l'arôme sec du pain au fromage, les quatre verges ou les pistoles de chocolat.

Assaren, épicerie suédoise, 17, rue Duperré, 75009 Paris. Tél. : 01 42 81 91 75
L'introuvable à portée de main.

Les moulins de Versailles, 18, rue Chantiers, 78000 Versailles. Tél. : 01 39 50 04 47
Un moulin pour les pros, et une boutique pour les boulangers amateurs avec des conseils pour le pain fait main ou machine, toute une gamme de farines en sac et d'ingrédients.

Le moulin Waast, 40, rue du Moulin, 59246 Mons-en-Pévèle. Tél. : 03 20 64 63 20
Un moulinier de la quatrième génération, attentif aux pros comme à ceux qui veulent mitonner à la maison. Des farines, des ingrédients de toutes sortes, plus les fiches pédagogiques maison.

Le moulin Herzog, 8, route d'Elsenheim, 68970 Illhaeusern. Tél. : 03 89 71 83 21
Toute une gamme de farine et des animations pour parler du pain.

Pains de Pierre, village de Lardy (Essonne)
Tél. : 01 39 56 68 53
Pour dénicher la fameuse farine Demeter du Gaec d'Argonne.

Chez les paysans boulangers. Tél. : 05 63 41 72 86
Une mouture qui n'a pas quitté l'exploitation.

OÙ APPRENDRE

Les stages à la Ferme de Gally en Seine-et-Marne.
Tél. : 01 30 14 60 60
Toute l'année, un atelier de la pâte à pain accueille les enfants de 3 à 12 ans à 11h30 (sauf le mercredi) et de 14h30 à 16h30.

Le Moulin-Ecomusée de Montfleur dans le Jura,
Tél. : 03 84 44 33 51
À 25 km de Bourg-en-Bresse, ce moulin propose des stages pour apprendre à faire son pain soi-même.

Les cours de Thierry Meunier, 16, rue Boucry, 75018 Paris. Tél. : 01 44 65 05 74
Des cours individuels ou en groupe pour apprendre à faire son pain donnés par un boulanger.

Le centre d'animation Forum des Halles-Le Marais Pierre Gasser, 6-8, place Carrée, 75001 Paris.
Tél. : 01 40 28 18 48

Boulangerie bio Le Vieux-Four à Tours.
Tél. : 02 47 66 62 33
Des cours et des visites avec dégustation chez Jacques Mahou, membre de l'Institut français du Goût, un boulanger de la dixième génération, bio de la première heure, dans un décor extraordinaire. http://www.auvieuxfour-mahou.com

Le musée du Cros (musée vivant du grain au pain), 47150 Montagnac-sur-Lede. Tél. : 05 53 36 44 78 Visites du moulin à roue horizontale, observation de l'amidon et des levures au microscope, et atelier de fabrication du pain. Chez les Caumères, boulangers de métier, dont la démarche pédagogique est agréée par l'Éducation nationale. Vente de pain en été seulement.

DEVENIR BOULANGER

À l'Institut national de la Boulangerie Patisserie (INBP), l'école de la profession
150, boulevard de l'Europe, BP 1032,
76171 Rouen cedex.
Tél. : 02 35 58 17 77
Du CAP, minimum au niveau licence.
http://www.inbp.com

École Banette, le moulin à vent, 45250 Briare.
Tél. : 02 38 37 03 93
Préparation au « Certificat de capacité au métier d'artisan boulanger »
(formation payante sur six mois).
http://www.ecole.banette.fr

Panifier les blés anciens, Cazalens (siège),
81600 Brens (Tarn).
Tél. : 05 63 41 72 86
Le réseau national Semences paysannes (collections de variétés anciennes de blé et panification en circuit court) et ses rencontres autour de la panification.
http://www.semencespaysannes.org

MUSÉES

Musée de la Boulangerie, 12, rue de la République,
84480 Bonnieux.
Tél. : 04 90 75 88 34
Toute l'histoire du pain, des origines à nos jours, dans ce musée du Vaucluse.

Maison du Blé et du Pain, 2, rue de l'Égalité,
71350 Verdun-sur-le-Doubs.
Tél. : 03 85 91 57 09
Les origines et la culture du blé, l'histoire de la meunerie et les métiers.

Musée du Pain d'épices et de l'Art populaire alsacien, 110, place de la Mairie, 67140 Gertwiller.
Tél. : 03 88 08 93 52.
Une formidable collection qui témoigne de la vie rurale alsacienne et, notamment, du savoir-faire en matière de biscuiterie et de boulangerie.

Musée de la Boulangerie rurale, 4, Grand-rue,
27350 La Haye-de-Routot.
Tél. : 02 32 57 07 99
Tout près de Rouen, l'ancienne boulangerie de ce village du parc naturel de Brotonne a été transformée en musée. **À voir** : le four à bois de 1845.

Musée de la Boulangerie et de l'Archéologie
La Manutention, rue du 144e-RI, La Citadelle,
33390 Blaye.
Tél. : 06 82 34 72 66
L'histoire de la boulangerie depuis l'Antiquité, dans une citadelle que Vauban fit construire.

SITES INTERNET ET BLOGS AUTOUR DU PAIN

http://www.coejan.fr
http://www.cannelle.com
http://www.chocolateandzucchini.com
http://www.boulangerie.org
http://www.espace-pain-info.com, le site de la profession
http://www.opain.com, le site du pain bio au levain naturel
http://machineapain.free.fr, forum autour du pain

LA FÊTE DU PAIN, EN MAI

Certains villages ou hameaux la fêtaient une fois par an autour du four à pain communal. Au niveau national, elle a été créée en 1996 pour aider à dynamiser une consommation en perte de vitesse ! Fêtée le jour de la Saint-Honoré, patron des boulangers, elle a ce mérite d'attirer l'attention sur le savoir-faire autour du pain, les divers aspects du métier, en associant les enfants au cœur de l'événement. Chaque département de France a des initiatives propres, qui consistent souvent à installer de grands fournils sur les places de villes et villages et à mettre les enfants au travail, en accord avec les écoles. http://www.fetedupain.com

BIBLIOGRAPHIE

Parmentier Antoine-Augustin, *Le Parfait Boulanger ou « traité complet sur la fabrication et le commerce du pain »*, Imprimerie Royale, 1778.

Toussaint-Samat Maguelonne, *Histoire de la cuisine bourgeoise*, Albin Michel, 2004.

Meurville Élisabeth de, *Le Guide des Gourmands*, Les Éditions du Jaguar, 2003.

Collectif, *Larousse Gastronomique*, Larousse, 2000.

Assire Jérôme, *Le Livre du pain*, Flammarion, 1996.

Calvel Raymond, *Le Goût du pain*, Jérôme Villette, 1990.

Roden Claudia, *Le Livre de la cuisine juive*, Flammarion, 2003

Pastier Minouche, *Pains*, Hachette Pratique, 2000.

Poilâne Lionel, *Le Pain par Poilâne*, Le Cherche-Midi, 2005.

Kaplan Steven, *Le Retour du bon pain*, Perrin, 2002.

Granier Henri, *Apprendre à faire son levain naturel*, Ouest-France, 2003.

Mundt Karine, *Les Pains des quatre saisons*, Terre vivante, 2002.

Desgranges Yves, *Passion Pain, 80 recettes originales*, Jean-Claude Gawsewitch, 2004.

Armengaud Christine, *Le Diable sucré*, Éditions de La Martinière, 2000.

Kayser Eric, *100% pain, la saga du pain en 60 recettes*, Solar, 2003.

Pugnale Rébecca, Duval J.P., *La Machine à pain, 100 recettes*. Romain Pages, 2005.

Delacrétaz Pierre, *Les Vieux fours à pain*, Cabédita, 1993.

Achevé d'imprimer en avril 2006
sur les presses de l'imprimerie Stige à Turin
Dépôt légal : mai 2006
Imprimé en Italie